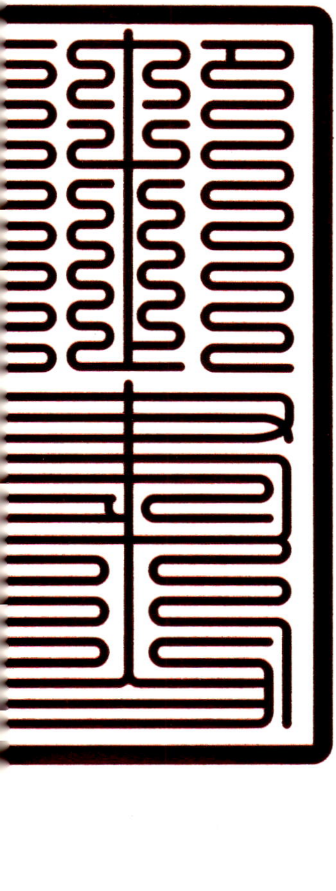

南宋書房
NANSONGBOOKS

栖羽香房

傳承香火　品味杭州

承香遺韻　南宋書香

南宋書房
NANSONGBOOKS

何为生活，何以为美？

前言

打开一卷古画，品味一段历史，悄然间，我们缓缓步入画中，竟可望见千年前的那片灵动，也可感受到朝代繁华背后的哀与喜……

公元 960 年至 1279 年，在宋朝三百一十九年的历史长河中，文艺被推向了辉煌的高峰。其中，成就非凡的便有词、散文、画等。其中，画成为四海之内文人儒士的最爱，民间绘画、宫廷绘画、士大夫绘画各自形成体系，彼此间互相影响、吸收、渗透，呈现丰富多彩的面貌。宋代，对绘画的收藏、品评和延纳画家作画已在上层文人士大夫中蔚然成风，更有不少文人主动参与绘画实践，以寄兴抒怀。他们在题材选择、绘画形式及审美情趣上，都有各自的独特风格。于是，涌现了“画马大师李公麟”“善画帝王宋徽宗”“疯疯癫癫的泼墨专家梁楷”“山水画之父李成”等诸多名家。

宋代绘画题材多样，表现技法丰富，反映了广泛的现实生活，这在古代绘画史上显得尤为突出。从李公麟绘作的《西园雅集图》中，我们可以看到极富文人艺术趣味的宋代园林；从宋徽宗绘作的《文会图》中，我们可以领略宋朝丰富多彩的茶文化，感受到古人“以茶会友”的深厚情谊；从李成、王晓绘作的《读碑窠石图》中，我们可以体悟到世道沧桑、风云变幻……

本书在欣赏、解读宋画的同时，以书信、故事等有趣的形式带你穿越到宋朝，感受千年以前的人情风物以及宋代艺术家们的高超技艺。你能体会到宋人在内忧外患下的惴惴不安，你会感受到宋徽宗内心深处对艺术的痴迷，你会看到北派山水的劲峭雄健和南派山水的平淡天真，你还会听到瑞鹤临空时的悠悠鸣叫和巧嘴鹦鹉的妙语连珠，你更会悟得“一花一世界，一叶一菩提”的禅意。

如此有趣之书当然不能局限读者的范围。

如果你是孩子，想必此时正需要一本可以打通你“任督二脉”的历史书籍，在领略传统之美的同时可以了解古人的闲雅生活情趣。通过本书你会发现：类似咖啡拉花的技艺在千年之前的宋朝点茶中就已经非常流行，日本佛教史上的奇僧“一休哥”与宋朝的佛果禅师有着一段鲜为人知的渊源，

“千古第一才女”李清照竟然是一位好酒的“豪饮之士”……

如果你是成人，本书图文并茂解读历史的方式也会令你有所收获。《蜀川胜概图》宛如一本地理杂志，带你从长江上游出发，一路领略宋朝时期川陕四路一带的人文山水之貌；《江山秋色图》会告诉你为何宋朝人出行不选马、牛，偏爱骑驴；《番骑猎归图》则让你知晓木羽箭倒钩难拔之威力……

绘画作品在每个时期都与当时的政治、经济和思想文化的发展有着密切的联系。宋画，既是时代的产物，也是历史长河中华夏文明的宝贵遗产。作者选取宋画这一视角，结合相关史料，层层递进，带你走进丰富多彩的宋代社会生活。

目录

形

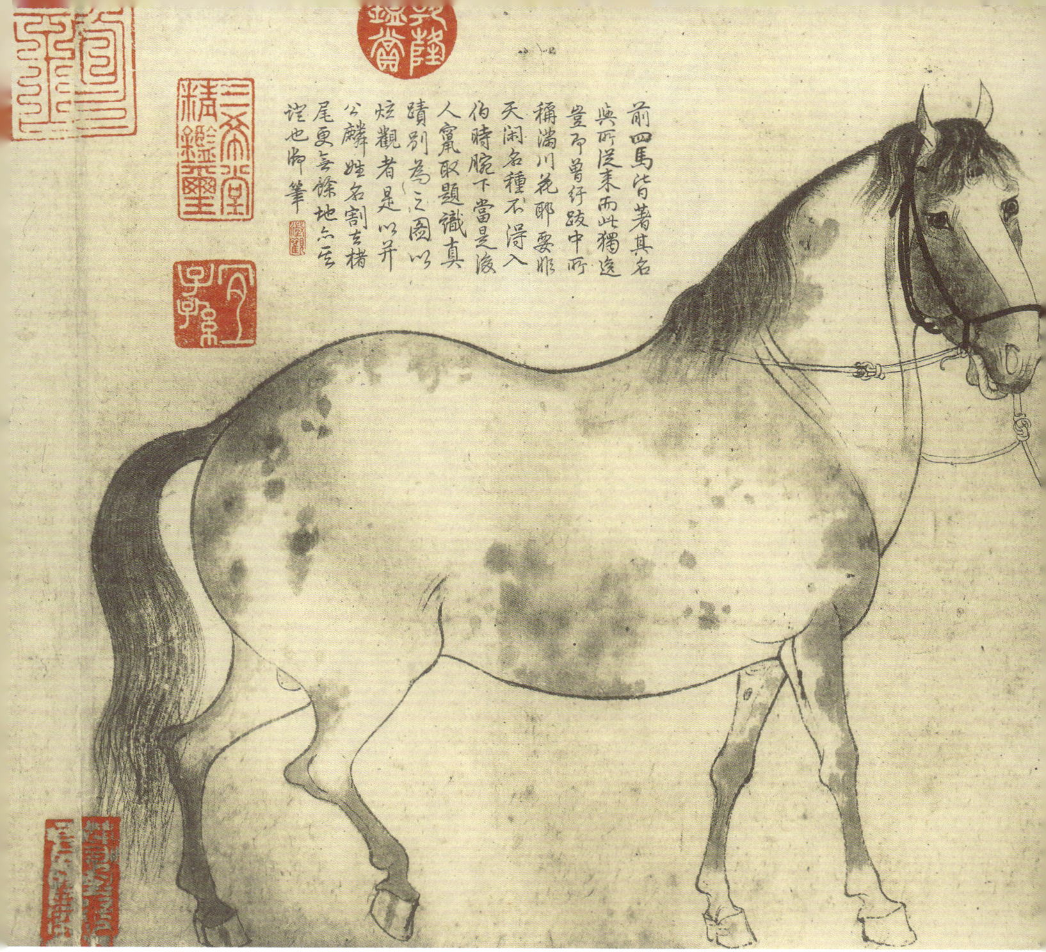

李公麟
有宋第一国手　百世宗师

《五马图》　摄马精魄的“龙眠居士”

公元 1098 年，北宋在与西夏决战的平夏城之战中取得胜利，西夏不得已臣服于北宋。

满川花

元祐元年（1086）四月初三，西域使者纷纷来到京城朝贺，随之而来的还有即将进献给宋哲宗，已经年满八岁，身高四尺六寸，身体棕黄的宝马“锦膊骢”。

同年十二月十六日，年满八岁，身高五尺四寸，泛有苍青色微光的宝马“凤头骢”，也被西域使者进献给宋哲宗，这次献马距上次献马仅过了八个月。

元祐二年（1087）十二月二十三日，西域使者又为宋哲宗带来了年满九岁，身高四尺六寸的红色宝马“好头赤”。

元祐三年（1088）闰月十九日，皎如月光的宝马“照夜白”也被西域进献给了宋哲宗。

此后，西域又向宋哲宗进献了第五匹宝马——“满川花”。

一切就此拉开了帷幕……

三年连献五马，京城一时之间传为美谈。上至王公贵胄，下至黎民百姓，都在议论，如五马齐聚一起，气势绝对非同凡响。民间的闲言碎语很快传入宋哲宗的耳朵里，这与他的心思不谋而合。一切似乎都是水到渠成，这天，宋哲宗率领百官一同前往赏马。“吱呀、吱呀”，御辇不紧不慢地走着，百官徐徐地在后跟着。宋哲宗的脸上看不出任何表情，可他的眼睛里却是一片炙热，常走的路今日走起来也仿佛格外遥远。

左骐骥院中，五位装扮不同的圉官分别牵着五匹宝马“哒哒”而来，院中一时间变得躁动起来。五匹马按马身大小的顺序站好。拔得头筹的是“凤头骢”，身穿西域衣袍的圉官不停回头，温柔地看向身后这匹骏马，眼神里全是关切之情。可是，“凤头骢”并不为所动，它静静地望着熙攘的人群，继而变得有点失落和不安，低下头，眼神里充满了淡淡的忧伤。它似乎不太愿意被当成物品供人观赏。

一盏茶的时间过去了，众人的目光渐渐落到了“锦膊骢”身上。它平静地站在穿着打扮与宋人迥异的圉官身后，面目柔和，眼睛和圉官一样直视着远方。

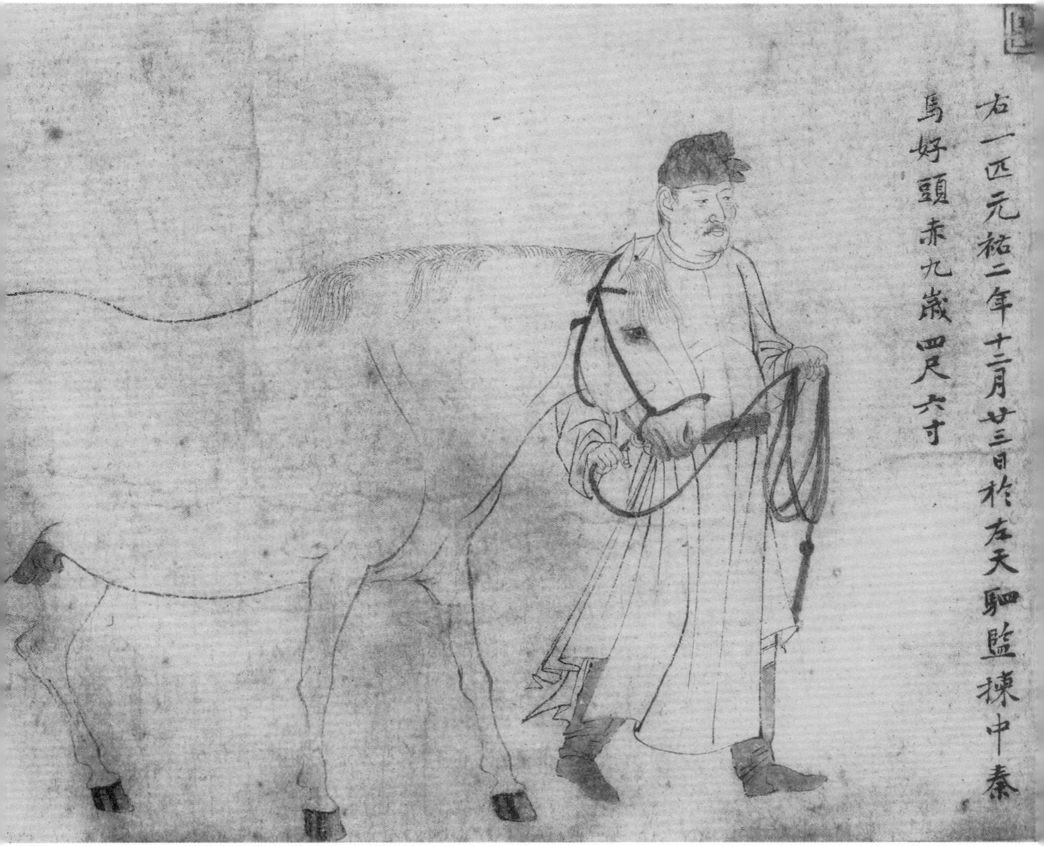

照夜白

深色的鬃毛在微风中偶尔拂动，阳光射下来，黄色又劲挺的身体熠熠夺目。“咈哧、咈哧”，马儿呼吸的声音不时传来，它仿佛特别享受众人赞许的目光，甚是乖巧。

“好头赤”原本是要被圉官带去清洗的，可偏偏此时宋哲宗和百官出现了。圉官的衣物还未来得及整理端庄，他右肩袒露在外，碍事的长袍被卷起系在了腰间，空气中有绵绵的汗臭味。圉官有些许窘迫，好在宋哲宗并未怪罪。只见他装作豪迈状，左手拿着刷马用的圆刷子，右手紧紧抓住盘成环状的缰绳。在众人的注视下，圉官有些心慌，不过回头看了看也邋里邋遢的“好头赤”，眼神便又渐渐变得安稳起来。

好头赤

“照夜白”和白袍圉官佼佼而立，一人一马并排相依。“太般配了，天上仙人天马莫过于此，似不食人间烟火般。”有官员忍不住暗暗低声感叹。

“满川花”站在“照夜白”旁边，一个白如雪，一个黑如墨，甚是抢眼。它有些许调皮，执拗地将头侧转，并不与圉官对视。脸色严肃的圉官手执马鞭紧盯着它，带着警告般的神色。“满川花”渐渐变得有点不好意思起来，不停地踢动马蹄，惹得宋哲宗和百官开怀大笑。

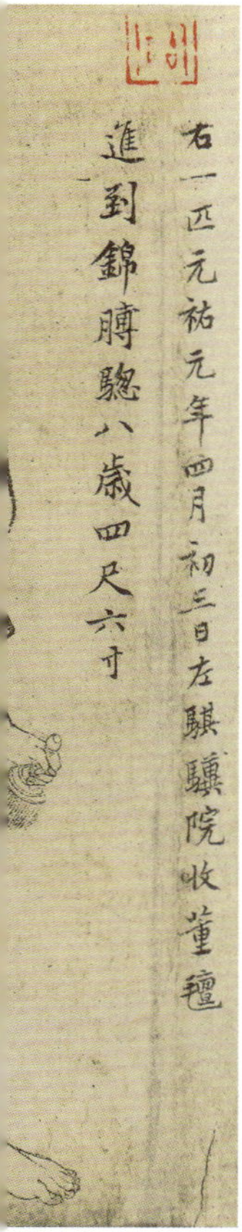

众人对五匹马赞不绝口，而宋哲宗则站在阳光下若有所思，骄阳之光并没有盖住他面对五匹马的惊喜之色。突然，一位官员不疾不徐地开口说道：“官家，人之寿命有限，何况马之寿命？而今官家得此宝马，世间难得，何不将它入画，以供后人瞻仰。”宋哲宗听闻此言，连连点头，面露喜色道：“爱卿说得极是，李公麟何在？”人群中缓缓走出一人，鞠躬低头回道：“臣在。”“听闻公麟极其爱马，乃世间画马第一人，又擅长白描，此五马图就交给你画吧。也可满足爱卿爱马之心。”

李公麟，字伯时，号龙眠居士，舒城（今安徽舒城）人。北宋杰出画家，善用白描手法，去繁就简，尤擅画马。

此后数月的左骐骥院中，李公麟时常光顾。他面对着那五匹骏马，一会儿左看右瞧，一会儿探身向前走几步，一会儿又赶紧后退回来，一会儿站在椅子上严肃观望，一会儿趴在地上咬笔抓头。李公麟就这样终日废寝忘食，与马为伍，眼圈逐渐熬成了青黑色，衣裳也皱皱巴巴，散发着一股马粪的味道。众人见此纷纷避之唯恐不及，可他偏偏乐在其中……

成画之日，李公麟小跑回家，待收拾整齐后又匆匆进宫面圣。很快，一幅长约 225 厘米的画作展现在宋哲宗面前。画中五马皆用细线轻描淡写，画作望去清新素净，只有极少数的地方被画笔挥扫浓墨。可众人无论是远观还是近看，马儿的头、颈、背、臀及腿全都一气呵成，雄壮感和真实感反而有增无减。画面上，和五马站在一起的每一位圉官，也形态各异，神情饱满自然。画中线条如行云流水，飘逸而行止如意，雄姿精魄无不摄入毫端，真神品也！

活了，一切都活了，宋哲宗和众人的思绪被画带回到了赏马当日……

宋哲宗注视画作良久，忍不住开口道：“公麟丹青妙绝冠世！此画就命名为《五马图》吧！李公麟有功，赏！”李公麟闻后立刻下跪，叩谢皇恩，随即面露难色，纠结一番后，说：“官家，臣还有一事启奏，望官家不下罪于臣。”宋哲宗淡淡地问：“何事？”“宝马‘满川花’在臣画作完成之时，不幸死去。”宋哲宗听闻不由皱了一下眉头，思考片刻后说：“无妨，万物有生必有死。卿画马一生，

本心爱马，可马却为卿而死，想必爱卿心中并不好受。既已入画，足矣！”李公麟感动不已，连忙叩谢官家。黄庭坚见此，即刻上前请奏：“官家，臣愿为《五马图》题记作跋，还望官家允臣。”宋哲宗大袖一挥：“准！”

……

从此之后，《五马图》便成为北宋画界的翘楚，民间也有了关于李公麟摄马精魄的传言，而他此后很少再画马了。《五马图》后来被南宋内府收藏，入元、明，经柯九思、张霆发诸家递藏，清乾隆时入清宫，可谓流传有序，现今收藏于日本东京国立博物馆。

《维摩天女像》“在家菩萨”与佛教的繁荣发展

青灰色的烟气弥漫在不染纤尘的殿内，一缕缕檀香之味发散开来。拨开缠缠绕绕的烟雾，眼前顿时如重见天日般清晰明朗。一张雕刻着精美图案的床榻之上，维摩诘倾着瘦弱的左肩，倚在一张样式精致华美的椅背上。身后圣洁的圆光

熠熠之极，一把绵绵的麈尾被他轻握在手里，胳膊随意地搭在了拱起的右腿上。而他弯曲平放的左腿上方，是一本被紧紧握在左手中还未读完的书籍。牡丹白的长衫素净典雅，裹在维摩诘颤盈盈的身体上，一道道衣褶像流光一般倾泻下来，却又被他的双腿随意拦断，散落在平坦整洁的床面上。宽大的外袍顺着维摩诘左肩垂了下来，外袍原有的厚重霎时变得袅袅轻盈。

一双朴素的翘头履整整齐齐地摆放在床边，高雅秀美的天女像是一株纯净的莲花一样，静静伫立在维摩诘的后侧。盛满花果的托盘在天女的手中散发出阵阵清香。天女身着华美的锦服，戴着的珠钗闪闪发光，耀眼夺目，她明亮的眼眸里充满了对维摩诘的敬畏。

无人知晓维摩诘的思虑，天地万般广大，如此智慧并非人人皆有。倏地，维摩诘的眼光再次绕四周轻扫而过，心中许是已如明镜。似一节节青竹从心底速速冒出，匆匆捣入他的智慧之中。花白色的胡须一根根随着麈尾的扇动轻舞，头上的银丝被头巾紧紧包裹着，却依然有几缕爬下脸颊。苍老的面容上刻满了对天地万事万物的睿思，病恹恹的身躯里埋藏着一颗“佛性常清静，何处有尘埃”的洁净之心。

《维摩天女像》，旧题为李公麟绘，其纵 156 厘米，横 105.2 厘米，现被收藏于日本圣福寺中。此画为对幅，结合起来展现的是维摩诘与文殊菩萨论辩的情景。维摩诘是佛教早期的著名居士和在家菩萨，名字本义为净名、无垢，即以洁净和没有染尘纳污而著称的人。《维摩诘经》中有记载，维摩诘本身并不是出家之人。他本是古印度时期毗舍离地方的一位富人，家财万贯，奴仆成群。这样的条件按理完全可以尽情享受荣华富贵的生活，但他身上毫无骄躁之气，日日勤于攻读，一年又一年地虔诚礼佛，他能够“见相不着相，对境不住境”，最终修得大智慧，被称为大菩萨。这位大菩萨才智超群，尽享了人间尊荣，早早便已成佛，且又精通佛法，深得佛祖释迦牟尼的尊重，更成为诸多菩萨的典范。

《维摩天女像》仅仅是李公麟众多佛画像中的一幅，他为何如此热衷于佛像呢？

宋朝建立三百余年，其间佛教也发生了翻天覆地的变化，宋代帝王宗室对佛教大都采取保护和推行的政治措施。宋太祖赵匡胤建立宋朝之后，就迅速废止了前朝的“毁佛令”，连僧尼出家的考试制度也逐渐宽松，僧尼剃度出家者一度多达一年 8000 余人。佛教，从前朝时期的皇亲贵胄式的佛院讲学，逐渐深入寻常民众生活之中，这期间在家修行的居士信徒逐渐增多。佛教随着宋朝历史的演变达到了繁荣甚至泛滥的程度。

宋太宗赵光义更是举行过一场规模宏伟的佛经翻译工程。他认为佛教可上治朝廷，下安平民，对国家有益，其蕴含的条条经理也可通人心。素日高高在上的帝王站在圣洁无比的寺院中，思索片刻后似有领悟般说道：“做皇帝怕也是一种修行。”加有金黄袈裟的住持缓缓开口：“我佛慈悲，佛家讲众生平等，因果循环，世间因缘际会皆是修行，官家有此感悟，可见与佛之近。”听不出一丝波澜的话却抵得过千军万马，宋太宗似醍醐灌顶，频频点头，思绪久久徘徊在住持的话语之中。

公元 1094 年，随着一道圣旨的下达，朱红色的宫墙中宦官和宫女忙进忙出，只因宋哲宗赵煦将在皇宫之内开设道场，并意在亲临场内听经礼佛。一道暖黄色的阳光打在道场的中央，静如处子的高僧披着晶莹发亮的朱红色袈裟正襟危坐，小僧童们着青灰色僧袍，双手合十，闭目端正，口中皆喃喃自语。好一会儿过去了，平日寂静的宫苑内充斥着僧人的礼佛之声。“咚、咚、咚”，似是许多脚步声传来。“官家来了。”内侍官碎步小跑着前来通报。高僧如安眠般一动不动，宋哲宗秉着肃穆的神情趋至佛前，喃喃的诵经声音并没有打断他的动作，只见他双手撩起明黄色淡雅素净的衣裳下摆，缓缓跪在金丝金线缝制的蒲团之上，仰头注视着殿中气势恢宏、漆着金身的佛祖。宋哲宗双手合十置于胸前，心中似有所思，片刻之后，低沉的声音在殿中响起：“愿佛祖保佑我赵宋江山万代相传，南无阿弥陀佛。”佛教在宋朝的影响可谓从帝王宝座直至民间山水。

佛教的盛行也成就着艺术的发展，“白描大师”李公麟更是凭借对佛像画的深刻领悟而创作出了一张又一张的佳作。白描绘图，其“线”正是精髓之处，线条不能反反复复，需得“起笔即落笔，落笔便成画”。细细品看这幅《维摩天女像》，画作线条流畅圆润，单纯的描绘并没有使画像本身变得苍白无力，线条的粗细不一、紧密参差造就了形体存在的真实感。站在远处望去，线条与画作合二为一，朴素中泛着些许光华，内敛中激荡出充沛的精神，简练而又特有的气韵相辅相成。简洁而不简单是李公麟绘画中的一大特点。画作中，苍老羸弱的维摩诘透露出的还有一番浓厚的书香气韵。白描之美在于根本不需要色彩，线条本身就是最美的，时而弯转、时而回旋就已经完全承载起画作表现的张力。这种绵里藏针、笔力千钧的绘画功夫其实离不开李公麟浓厚的文学修养。

李公麟出身于名门世家，家中收藏古物甚多，自幼便耳濡目染，长大后更是博古识今，学识卓越。他为官三十余载，所见所闻皆充实着他的艺术领悟。年少之时他便常常临摹吴道子的诸多画作，人物、佛道、鞍马……深得吴道子的绘作技巧，运笔间笔走龙蛇，一气呵成，画像神态往往入木三分。后又常思索王维山水佳作中的微妙之处，将其运用在自身绘画之中，因此，其山水画作也被称为一绝。

早秋的薄雾淡淡地绕着山林，些许凉意阵阵传来。李公麟沏了一壶浓茶，一股脑儿地喝下，粗糙的手执起磨得发亮的画笔，小心翼翼地叠好洁白无瑕的宣纸，头也不回地走向山中寺庙……

《西园雅集图》 宋朝园林中的友情

晴日当空，一抹浓绿枝叶的上方是几片云彩懒懒悠悠。北宋驸马都尉王诜的府邸，车马不断流入院中，想必今日驸马府该是格外热闹。乌泱泱的一群人随着王诜踏过一弯又一弯的庭廊，一路上细碎的闲聊被“吱嘎”一声打断，众人向前望去，原是两扇竹门被推开了。一众侍女挽着油亮亮的双丫髻，低头垂目，立于竹门两侧。一抹快意从王诜眼中扫过，他转向身后诸人说道：“王某十分感谢诸

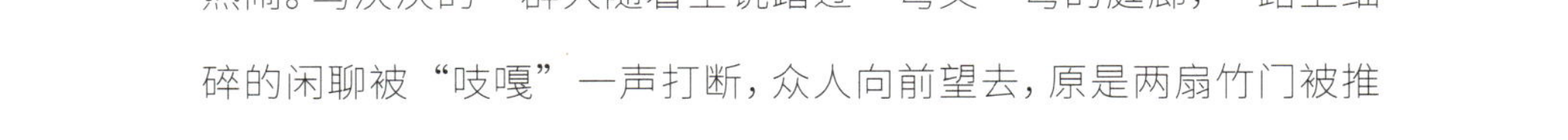

位好友亲临寒舍，初秋的西园是最美的，今日就让我们开怀畅饮，谈古论今，尽情游玩于此。公麟兄画艺超然，自将我们一同入画。”

说罢，众人便笑意满满进入院中。

只见园中四面环山，山并不是很高，更像是突兀而起的大山丘。园中的景色像是被人做了一番设计，种着寻常人家难以见到的珍稀花木，似是到了四季如春的地方。众人许是驸马府的常客，并无拘谨之态，陆陆续续找到了自己钟意的乐趣。圆通大师和陈碧虚道长首先看中的是西园一侧茂密浓郁的竹林，两人来到竹林前的一块大

石边，盘腿而坐，礼佛修道之语不绝于耳。两位小师傅站在一侧，静静地看着讨论热烈的两位大师。

顺着竹林向前走去，北方少有的棕榈树吸引了苏轼和米元章（米芾）的注意，二人看见树旁的巨大石碑，惊讶不已，开始细细品读石碑中洋洋洒洒的碑文。一旁，小侍女端来了沏好的茶水。再往前走去，一棵歪歪扭扭的迎客松下，秦观和黄庭坚依树而坐，二人拨阮吟唱，好不快活，琴音和歌声悠扬地飘向远处。一棵躯干劲直、

枝叶繁茂的松树下面，李公麟正认真绘画，王诜坐在对面不停地探头观望，张文潜及郑靖老立在一侧赞叹不已，小书童和侍女们纷纷立于书桌两侧。紧挨着黑松的地方摆放着墨青色的石桌，上面摆放了满满当当的稀奇藏品，小侍从正哈着气一丝不苟地擦拭着。石桌的一侧满是硕大的芭蕉叶，芭蕉树分四个方位栽种，肥厚的叶子遮住了秋日，更遮住了侍女的脸庞。李之仪和蔡天启正在认真对弈，不分上下的棋艺引来刘泾、晁补之、苏辙及王钦臣的围观。

《西园雅集图》是北宋杰出画家李公麟创作的水墨纸本画。全画以白描的手法、纪实的方式再现了北宋驸马都尉府中王诜会友的场景，画作由米元章作记，其中主客共有 16 人，仆从及侍女共 8 人。画作全无着彩之处，轻描淡写间，描绘着王诜和苏轼、李公麟及黄庭坚等文人雅士间的深厚友情。

西园是皇亲王诜府中的花园，风景极其别致。苏轼曾在《水龙

吟》中写道：“不恨此花飞尽，恨西园，落红难缀。”可见此园极得当时文绅豪客们的喜爱。园中栽种的几乎全是四季常青之树，松树和竹林是文人士大夫的最爱，其傲骨嶙峋的姿态更是他们品格高傲不屈的象征。树木葱郁配以小桥流水、绿草茸茸、奇石隽秀，使园林之中的万种风情尽显出来。美景之处必有风雅之作，因此众人吟诗作画、弹琴对弈、题石品古、参禅礼佛。

《西园雅集图》所绘宾客、仆从诸人的行姿神态皆栩栩如生、不尽相同。人物之间的互动被李公麟处理得非常巧妙，游刃有余的画功使单纯的黑色线条变得鲜活灵动。除此之外，画中风景的特点一目了然，线条或重或轻、或粗或细的勾勒点染，成就了整幅画作的潇洒、飘逸，引起后世诸多大家纷纷效仿临摹。

北宋是一个非常传奇的朝代，除了留给世人硝烟战乱的印象外，文学、艺术、佛教等都到了一个辉煌的发展时期。两宋时期的园

林艺术也逐渐变得成熟，在中国古典园林史上，这个时期的园林文化有着简远、疏朗、雅致、天然的特点。

赵匡胤发动“陈桥兵变”后，五代十国的混乱局面终于结束。为了使辛苦打下来的赵宋江山得以延绵千秋万代，不再出现唐末时期藩镇割据的局面，宋太祖赵匡胤逐渐削弱掌握重兵的大将的势力，“杯酒释兵权”一说由此产生，重文轻武也成为宋朝主推的政治措施。因此，这一时期的社会风气和人文环境发生了重大的变化，

广建园林成为王侯将相乃至平民百姓的喜好。赏心悦目的园林也成为文人墨客的心灵寄居之地。闲暇之余，无人不喜来园林中品酒饮茶、绘画作诗，这也就推动了宋朝文学艺术的发展。

公元 976 年，宋太宗赵光义征召 35000 余人在东京汴梁城（今河南开封）修建大型水上园林。三年之后，园林终于竣工，宋太宗命人引金水河河水入池，并赐名为“金明池”。公元 1047 年，安徽琅琊山附近的“醉翁亭”竣工，因由“唐宋八大家”之一的欧阳修命名而声名鹊起。公元 1117 年至 1122 年，宋徽宗主持修建了著名

的“艮岳园林”，初名为“万岁山”，别名称“华阳宫”。……在园林艺术发展的同时，重文轻武的政策也埋下了危局的伏笔，以至于后来太多的园林在与辽、金的战争中付之一炬。

美景入画是再合适不过的，只可惜随着朝代的更迭，后来一直被收藏于清代宫廷中的这幅李公麟所绘《西园雅集图》丢失在战乱中，后又从香港辗转漂泊于境外……

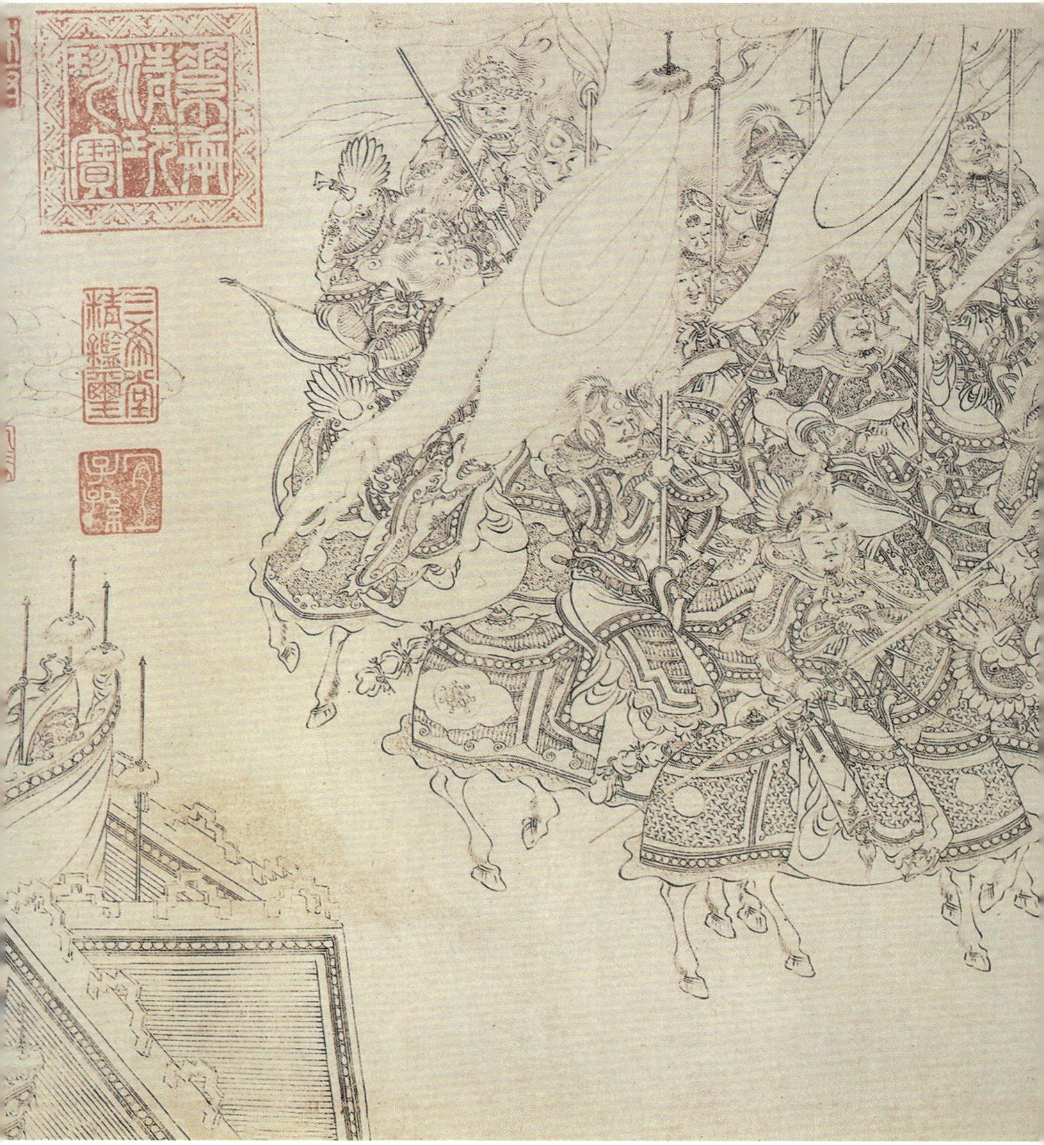

三希堂精鑑璽
宜子孫

《免胄图》 宋朝成也盔甲，败也盔甲

公元 765 年，“天子崩，唐朝已无主，大将郭子仪死了”的谣言四起，吐蕃趁机利诱回纥共集聚 30 多万兵马，合力围剿泾阳城（今陕西咸阳市）。军事紧急，唐代宗李豫急召大将郭子仪聚集兵马驻扎泾阳城，设法抵御敌军来袭。

泾阳城的城墙上，旗旗随风舞动，发出“呼呼”的声响，无数士兵手拿利器，身穿盔甲，齐齐站立。雄姿挺拔的郭子仪聚精会神，紧紧盯着城外的一举一动。“咚、咚、咚”，远处传来了群马飞奔的声音，一时间烟尘四起，数万匹铁骑奔涌而来。其身后紧紧跟随着黑压压的一片士兵，“嚓、嚓、嚓”，正是盔甲发出的摩擦声。烈日当空，过了好一会儿，烟尘才飘散而去，城墙下方二里之处，是乌泱泱的回纥军队，细细一看，军队如铜墙铁壁般一一排列。

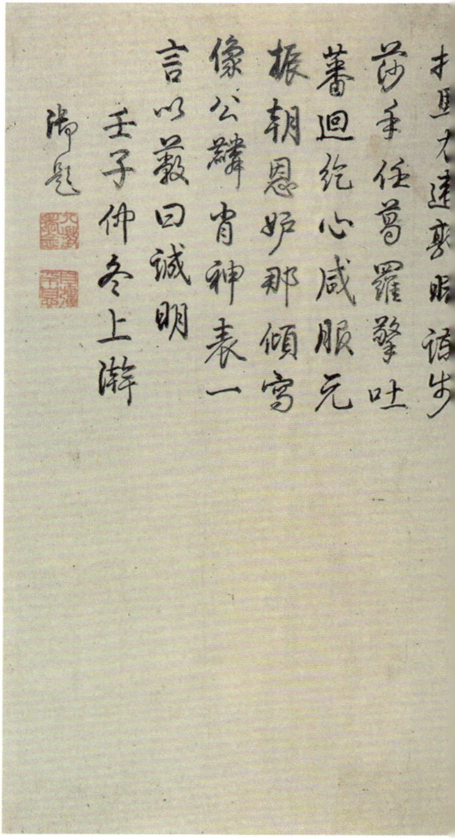

大敌当前，各地战局纷起，驻守在泾阳城的士兵只有区区 1 万人。面对如此严峻的形势，泾阳城内看似平静，其实人心惶惶。郭子仪思索了好一会儿，不顾副将劝阻脱掉盔甲，匆匆走下城楼……

“咣当”一声，沉重的城门缓缓打开，郭子仪高骑骏马，亲率两千士兵朝敌军飞驰而去。此前，在郭子仪的授命之下，使者已踏入回纥军帐之中，面对回纥可汗，临危不惧，力诉回纥“弃旧情，助叛军”的愚蠢行为。回纥可汗听闻郭

子仪没穿盔甲，仅率两千兵士而来，深感震惊。可又质疑此“郭子仪”真假，便请求约见郭公一面。郭子仪听闻便带领数十骑随从进入回纥军帐。可汗一脸惊讶地望着神情儒雅、一身布衣却依然傲骨铮铮的郭子仪，心中顿时生出敬佩和仰慕之情。可汗即刻向郭子仪跪拜道：“真乃郭公也！”并发誓要和唐朝永结友谊，和好如初。

这幅现收藏于台北故宫博物院的《免胄图》，是北宋李公麟用

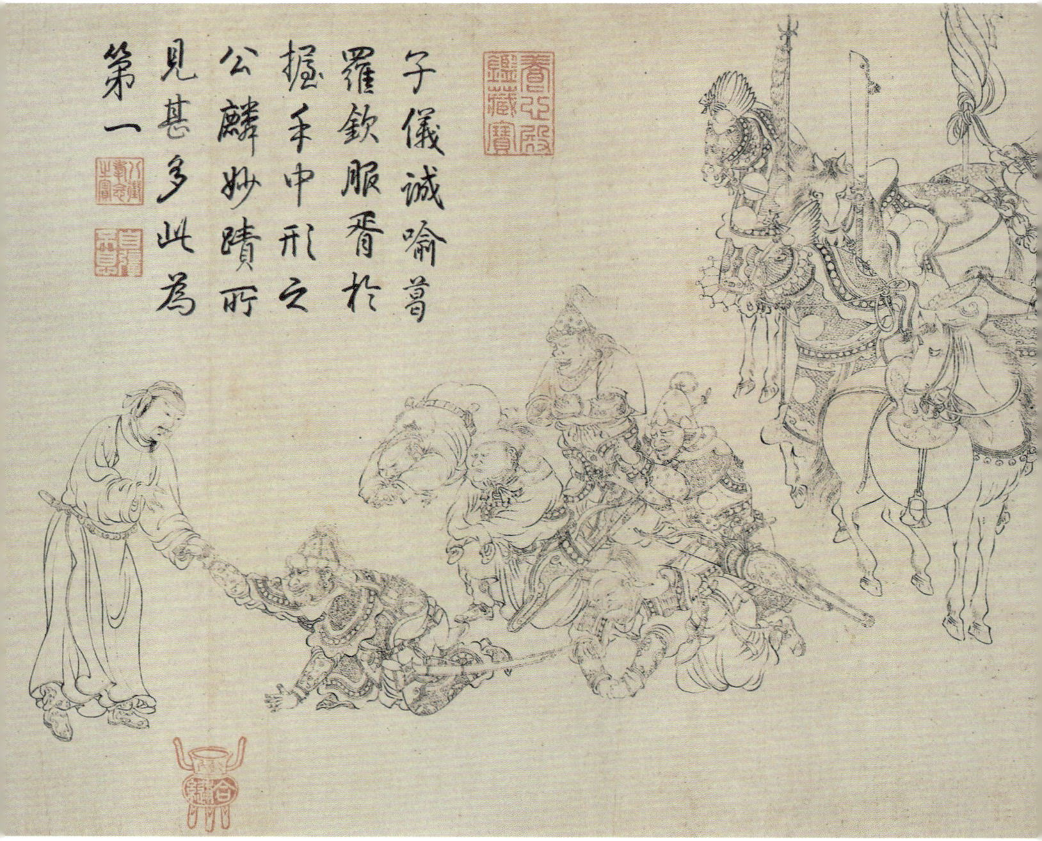

白描手法所绘的一幅纸本墨笔长卷。画作描绘的是唐朝大将郭子仪面对回纥 30 万大军压境，不穿盔甲，只身数骑深入敌营，劝说回纥可汗的场景。

画作中右侧是回纥大军汹汹压境而来，灰蒙蒙的色调中绘出了烟尘飞扬的感觉，意味着泾阳城下是无穷无尽的敌军，给足读者丰富的想象空间，内敛中带有夸张。在有限的空间中营造出敌方大军

压境的紧张气氛，竟丝毫不逊色于人物众多时的场面。画家的高妙之处不在于将庞大的军队展现于画面之上，而在于对人物特征、场景的把握。

画的正中间是郭子仪身着布衣，带领侍从从容不迫会见回纥可汗的情形。墨黑色的细线将郭子仪非凡的气度和真挚的不战之心展现得淋漓尽致，此时的他似乎是在会见昔日好友般慈祥。回纥可汗见到郭子仪时的惊讶、震撼，全部展现在他跪拜臣服的举动上。一场本该死伤无数的战争顷刻间被心悦诚服的归降终止，郭子仪的大将之风非常传神。

画作的左侧是随郭子仪出城的唐朝军队，相较于回纥军队，李公麟将其刻意画得兵强马壮，这也就暗示了战事胜利的结局。画作卷尾处的一角是旌旗飘飘的泾阳城墙，简单却又清晰地交代了这场战争的发生之地。

数十万的军队并未一一展现于《免胄图》中，可综观画作，墨色的浓淡疏密使整体有了鲜活之感，纤细的线条却展现出了千军万马的雄强之力。无论是人还是马，于画作三个场景中皆被疏密有序地安排妥当，庞大的战马并没有遮盖住人物的光华。两个种族间的差别，无论是从服饰，还是动作、表情，一观便知区别。原本一触即发的战争，最终以和解收场，两个民族间的友情得以延续。郭子仪不费一兵一卒降服回纥大军，也成了历史上有名的传奇佳话。

“胄”乃盔甲之义，免胄就是除去盔甲。宋朝开国皇帝赵匡胤本就是武将出身，深知盔甲对于战士的重要性，后又因为宋朝经济的飞速发展，虽然政策上一直主张重文轻武，但是对于军队的装备却十分讲究。盔甲在承袭前朝的基础上做了很大的改动，制作工艺也十分讲究。在宋朝最常见的便是步兵穿戴的“步人甲”，这种盔甲尺寸十分巨大，盔甲在身即可护住全身。宋朝对兵士盔甲的规格曾颁有明文规定。每副步人甲须由 1825 枚甲片组成，总重量可达 29 公斤，而且盔甲的防护力可以通过增加甲片的数量来改善。之后，皇帝更是亲自规定步兵盔甲重量以 29.8 公斤为上限，而长枪手的盔甲重量则在 32 公斤至 35 公斤之间。因弓箭手需近身战斗的原因，其盔甲在 28 公斤至 33 公斤之间；而弩射手的盔甲则轻盈得多，重量在 22 公斤至 27 公斤之间。因此，宋朝的步人甲是中国历史上防护能力最强，但同时也是重量最重的盔甲。

十分缺少马匹的宋朝在面对北方外敌入侵时，只能以步兵对抗，防御一度是宋朝对外作战时主推的方针，而结实的

盔甲使宋朝的步兵一度声名在外。公元 1104 年，名将岳飞、韩世忠带领装备充分的步人甲大军屡次击败女真族的剽悍骑兵。步人甲也成为中国盔甲史上的巅峰之作，在宋朝统治的三百余年中，步兵在大小战役中起着至关重要的作用。

但有利就有弊，步兵盔甲的缺点也十分明显，因为重量较重，从而缺少灵活性。因此，过于沉重的盔甲往往使战士体力不支、行

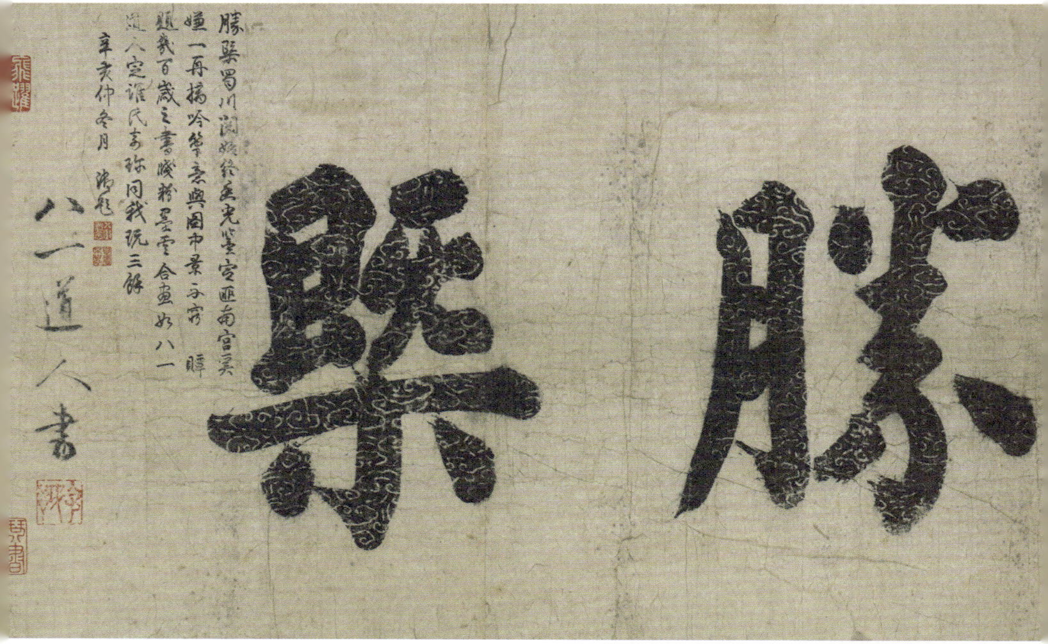

动不便，从而导致战局的失败。公元 1141 年，宋朝对抗女真的柘皋战役中，依然以步兵为主力的宋军，在围剿即将溃败的女真骑兵时，将士们因身负重甲精疲力竭，错失了重要的胜利机会。

免胄对于行军打仗的战士来说，是一件不可思议之举。一旦脱去战衣，生命随时受到威胁。郭子仪的非常之举实则是一种撼动人心的战术。宋朝的中晚期，疆域北部一直遭受西夏、辽等国的不断攻击，持续不断的战争早已使重文轻武的宋朝无法比肩对抗。此时的朝廷和百姓急需一位如郭子仪一般智勇双全的大将，带领宋朝将士荡平外敌，好结束这种水深火热的局面。李公麟所绘的《免胄图》

在一定程度上展现出了他心中的美好愿望。可战争是不可预测的，这幅纵 32.3 厘米，横 223.8 厘米的巨幅长卷，最终将李公麟的心愿埋藏在了时代的变迁中。

《蜀川胜概图》 宋朝时期的“地理杂志”

北宋咸平四年（1001），朝廷将今四川盆地一带分为益州路、梓州路、利州路及夔州路，合称为“川峡四路”。“路”，是宋元时代的行政区域名，宋代的“路”相当于明清的省。

北宋景德年间，翰林院在宋真宗的授意下派遣各路画工往不同地域绘制宋朝山川地理之势。其中，就包括白描大师李公麟，其前往之地正是巴蜀一带的“川峡四路”。

浩浩荡荡的长江从汶山奔腾而下，这里是“大禹的故里”，大禹庙就在山崖边的茂林之中。山川皆是雄壮连绵之姿，浓密的绿植对此处十分偏爱，大多时候皆是一片郁郁葱葱的模样。早起之时，云雾在山涧之中萦萦绕绕，久久不散，神秘的面纱背后不知是否藏着不为人知的趣事。阳光可不是那么好说话的，待到将近午时，浓雾识趣地悄悄散去，山川在此时更加耀眼隽秀了。汶山紧紧地连着岷山，映入眼中的几乎皆是颀长挺拔的杉树、松树，茂盛的绿色使岷山一年四季呈常青之态。山川虽是起源不同，但随着岁月的流逝，已然如亲人般亲密。

随着江水的流淌，茂州进入了视线。这里居住的多是羌族百姓，他们的服饰格外别致。许是本地风俗的缘故，艳丽的色彩被他们运用到了极致。在这依山傍水之地，茂州似乎如仙境般遗世独立。

水流得极快，成都很快便映入眼帘。许是江水激流的缘故，为这座偏远之城带来了绵绵的潮湿与闷热。成都处处绿树成荫，繁密之处皆是鸟鸣虫叫，不承想这里竟是动物的天堂。有江水滋养，有山林休憩，这样的天然宝地还真是少见。

嘉州与峨眉山紧紧挨着，此处的浓林之中隐匿着一处建于唐朝贞元十九年（803）的乐山大佛。其通高达 71 米，是我国历史上最大的一尊摩崖石刻造像。

叙州刚好位于岷江的下游，北宋政和四年（1114），朝廷将戎州改名为叙州。此地生长着大片大片的竹林，其竹类大多分为三种——丛生竹、散生竹、混生竹，因此成为历史上有名的“竹都”。

从叙州继续行进，不久便到达著名的“酒城”泸州。泸州可是繁华极了！这里被长江的支流沱江滋养千年，交通的便利直接促进了泸州经济的繁荣发展。此地人人爱饮酒，更擅长酿酒，正所谓“酒不醉人人自醉”。

半醉半醒之间，飘飘然便来到历史上的“三大火炉”之一——渝州。渝州四面环山，每逢夏季，湿热多雨，常常让人难以忍受。就算有干燥清凉的空气，也早已被高山阻挡在外。

蜀江之南，涪江之西便是涪州之所在。宋朝著名诗人陆游曾在赴任蜀中的途中因中暑而晕倒在涪州境内，便在涪州州府进行了短时间的休养。休养期间，陆游凭借为官多年的经验以及过人的才智，替涪州百姓申冤断案，惩治了当地有名的恶霸。此后，陆游更是作

诗《涪州》一首形容涪州的环境：

古垒西偏晓系舟，倚栏搔首思悠悠。
欲营丹灶竟无地，不见荔枝空远游。
官道近江多乱石，人家避水半危楼。
使君不用勤留客，瘴雨蛮云我欲愁。

危岭重重、瘴雨不绝的涪州过后，便是忠州。忠州原名临江，后因唐王李世民感激此地忠勇之士辈出，令改名为忠州。南宋咸淳元年（1265），朝廷因其为“度宗潜邸”，将忠州升为咸淳府，忠州因两朝二帝的垂青而成了名贵之地。

离开忠州，再经过梁山便到了万州，这块历史悠久之地曾因宋蒙之战而留名《宋史》。书中记载：“筑青居、大获、钓鱼、云顶、天生凡十余城，皆因山为垒，棋布星分，为诸郡治所，屯兵聚粮为必守计。”其中的天生城便在万州境内。而宋太宗的七世孙赵善赣在此地担任郡守期间，被万州山清水秀的自然景观深深吸引。于是，其将岑公洞、峨眉碛、翠屏、鲁池、天生桥、西山、古练石及江会楼并列为“万州八景”。

宋朝时期，盐是国家财政收入的主要来源之一。因此，朝廷便在产盐地区专门设置了监管部门，而夔州就在其列，这样的重要性是其他州府所不能比的。

最后是一定要说一说赫赫有名的巫山县的。巫山县横跨长江巫峡两岸，东挨巴东，西至夔州，南接建始，北靠巫溪，地理位置可谓绝佳。巫山的奇险峻美更是吸引着一代代的文人墨客，从先秦时期宋玉在《高唐赋》中的“巫山赫其无畴兮，道互折而曾累”，到南北朝时期萧纲在《蜀道难 · 其二》中的“巫山七百里，巴水三回曲”，再到唐朝时期杜甫在《秋兴八首 · 其一》中的“玉露凋伤枫树林，巫山巫峡气萧森”，直至宋朝时期苏轼在《江城子 · 墨云拖雨过西楼》中的“今夜巫山真个好，花未落，酒新篘”，巫山以其独特的自然魄力征服了一众儒士大家。

《蜀川胜概图》总长达 746.5 厘米，高约 32.2 厘米，是北宋画家李公麟一生中的巨作之一。其更被清朝的乾隆皇帝视如珍宝，现今被藏于美国华盛顿的弗利尔美术馆。

《蜀川胜概图》中涉及的地理位置颇多，若想一时之间了解透彻，并不是一件容易的事。其中包含的山水就有汶山、岷山、青城山、雪岭、岷江、白沙江、沱江、卧牛潭、浣花溪……而众多名寺庙观也纷纷展于画作之中，如：昭觉寺、大慈寺、上清宫、青羊观、散花楼、合江亭等。

画作之景虽是以写实的形式为主，但其中不免加入了文人特有的写意之境。与其说它是一幅山水图卷，不如说它是一卷“地理杂志”。李公麟在《蜀川胜概图》中对蜀川一带地理环境的详细描绘，不仅展现出了该画作超高的艺术价值，更使其成为宋史文化研究中的一份有力的佐证。

宋徽宗赵佶
天才的画家，浪漫的帝王

《听琴图》 此时无声胜有声

威严肃静的皇宫别苑里，一棵高大的松树歪歪扭扭从宫墙之中探出了头，一曲琴音顺着树干飘向宫墙之外。宋徽宗身着灰棕色道袍，头戴暗黄色发冠，坐于松树下方用茅草铺垫的石凳之上。朴素又别具一格的原木色方桌置于他的面前，桌上一把纯黑色的古琴格外显眼。宋徽宗纤长洁白的手指不停地拨动琴弦，琴音时而急促、时而清扬、时而婉转、时而悲鸣。骄阳透过稀疏的松针照在宋徽宗身上，牡丹白的里衣衬得他庄严而又圣洁。白色的熏香炉置于黑色的炉架之上，缕缕烟气飘飘然地散向四周。

离得不远的地方，身穿红色官袍的官员一手执着团扇轻轻按住了腿，一手缓缓放在身后盖有茅草的石凳之上，支撑着他微斜的身体，显得轻松又舒适。他头顶黑色纱帽，低头侧目，认真地倾听着琴中之调。红袍官员的对面，一着墨绿色官袍的官员坐在盖有茅草的石凳上，小侍童身穿灰衣白裤，直愣愣地站在其身侧。绿袍官员双手交叉置于腹部，戴着黑色纱帽的头微微扬起，看向远处的天空，似有所思、有所虑。飘扬的琴音并没有打断他的思绪，反而将它带向更远处。

苍松的背后，几根碧青色的斜竹随微风摆动，旁边红白交汇的凌霄花固执地爬上松树粗壮的枝干，一圈又一圈紧紧将其缠绕。宋徽宗的正前面，奇特的山石摆放得十分玲珑别致，远远望去，显得格外有趣。一方墨青色的古鼎放在山石的顶部，姿态婀娜的花枝被插在古鼎之中，为悠扬委婉的琴音更添一番雅趣。

好一幅淡雅内敛的《听琴图》！这幅被收藏于故宫博物院、由宋徽宗绘作的绢本设色工笔画，纵 147.2 厘米，横 51.3 厘米。全画色彩鲜明，质感朴实，画作下方正中央的宋徽宗虽然一身暗色道袍，但儒雅的帝王之气丝毫未减。一左一右的红绿听琴者为画作整体的暗黄色调增添了一抹重彩。画作运笔均匀细腻，人物的衣物线条细微而真实，表情恬淡且富有优雅之气。三个听众呈现出三种神态，他们的身份特征昭然可见。

苍松坚韧、细竹青翠，一强一弱、一刚一柔，配以小巧而又不失色的凌霄花，三种植物相辅相生。细竹虽看似单调，但因独特的“双钩”画法，一笔一画间皆显出绘画之人严谨高超的技巧。宋代绘画讲究“画中意蕴”，黑色的古琴是画作的点睛之处，静中有动的画面感皆因其而造就。玲珑山石虽然小巧，却无时无刻不在彰显弹琴之人的高贵身份，山石中别致的点缀花也表明着宋徽宗艺术审美的独特品味。

画作的最上方则是宠臣蔡京的题跋：“吟徵调商灶下桐，松间

疑有入松风。仰窥低审含情客，似听无弦一弄中。”蔡京与苏轼、黄庭坚及米元章都是宋朝有名的大书法家，并称为“苏黄米蔡”。据传，“宋四家”的蔡京，因后人不齿其为人，故而将“蔡”换成了蔡襄。《宣和书谱》中曾评价蔡京的字体说：“其字严而不拘，逸而不外规矩。正书如冠剑大臣，议于庙堂之上；行书如贵胄公子，意气赫奕，光彩射人。大字冠绝古今，鲜有俦匹。”可见其书法造诣之高。而其所题的这首七言绝句诗，字体浑厚飘逸，豪劲沉着，意境超然不凡。

宋徽宗最后以瘦金体题“听琴图”之名，三字的位置也格外有讲究，微微高于松树的枝顶，画作与字体的气韵不张不扬，太高则韵破，太低则韵沉，此位置绝佳。画作左下部的押书“天下一人”四字与“听琴图”三字上下呼应，整体格局被精心安排得恰到好处，足见宋徽宗的用心。

宋徽宗赵佶是中国历史上有记载的帝王之中最具艺术天分、最浪漫的一位。赵佶是北宋的第八位皇帝，他从年少之时便爱好文墨、丹青、骑射、绘画、奇花异石……尤其是在书法绘画方面有着极高的天赋。公元 1100 年，宋哲宗崩逝，因其一生无子，其弟赵佶即位，便是宋徽宗。爱好绘画的宋徽宗即刻将画院排在琴、书、棋、玉之前，一时间绘画成为文艺界的主流艺术形式。科举考试时，宋徽宗因对绘画的执爱，更选取了不少绘画人才，皆赐予他们不俗的待遇。他还大力创办了著名的宣和画院，成就了一大批杰出的画家，如王希孟、张择端、李唐……宋朝绘画的社会地位因为皇帝的尊贵身份逐渐变得无上荣耀，宋徽宗也因此客观地推动着宋朝绘画向着巅峰发展。

只可惜在宋徽宗统治宋朝的二十五年中，艺术繁荣发展的同时间接造成了军事力量的薄弱。在此期间，各地起义、战乱不断，人民生活在水深火热中。公元 1119 年，以宋江为首的 36 人在梁山泊（今山东梁山县、东平县等地）起义。公元 1120 年，方腊起义军建立政权攻占青溪县城（今浙江淳安县）。在此内忧之际，宋朝还饱受着外患的不断侵袭。

公元 1127 年，“靖康之变”爆发，金国军队一路南下，很快攻占了北宋的首都东京，掳走宋徽宗、宋钦宗二位皇帝。皇宫之中的珍贵藏品及大量书画名作或被金军掳走，或毁于战火之中。而此时，这位才华横溢、热爱艺术的帝王也只能在无奈之中多了几声叹息。

《瑞鹤图》　白鹤的成名之路

宋徽宗政和二年（1112）的元宵节，汴梁城中的街上载歌载舞，灯火通明，不见一丝寒冷气息。繁华的街市上正在举办一年一次的元宵灯会，当晚，家家户户都会出来凑一凑这难得一次的热闹

景象。久居高堂的宋徽宗在文武百官的陪同之下，于晚上登上了宣德门的城楼，同城中万千百姓一同欣赏灯会之美。嬉笑之声、丝乐之声、烟火之声绵绵不绝，为繁华的京城增添了节日的氛围。宋徽宗的心情在这天晚上甚是舒畅，夜很深后才缓缓回至宫中。

第二日一早醒来，昨夜节日的趣味还未从脑海中抹去，便有官员匆匆来报，说宣德门的上空出现了一幅绝无仅有的祥瑞景象。素来热衷修道的宋徽宗听闻，即刻来到宣德门。只见城楼的上空一团团白云环环相抱，一群白鹤恰在云端旋转飞舞，鸣声不绝。消息一传十，十传百，很快皇城内外围满了一层层观看之人，官员、百姓无不被此情景所震撼。“此乃我朝盛世，祥瑞之兆也！”赞叹之语不绝于耳。白鹤翩翩，其中两只较为特殊，它们相对而立，驻足在宫殿的屋脊两端，似两位圣洁的仙子，久久不去。空中飞翔之鹤与宫殿之上的白鹤互通心意般相互唱和。过了好一会儿的工夫，白鹤冉冉而起，一起消失在汴梁的西北方。

宋徽宗目睹了此番景象，心中激动不已，早已认定是仙鹤驾云而来鸣告我朝乃盛世之年，此乃大吉之兆。抑制不住内心的激动，宋徽宗便马不停蹄地赶回宫中，命人迅速备好笔墨等绘画的材料，随即伏案绘出了这一番惊奇之象，并为画作取名为《瑞鹤图》。

画作完成之后，宣德门上空的惊艳情景久久徘徊在宋徽宗的脑海之中，他心中似缺少一股精气般呆呆地望着画中仙鹤。良久，又提笔用独特的瘦金字体在画作一侧记录下此事发生之时的境况，并为画作诗一首：

清晓觚棱拂彩霓，仙禽告瑞忽来仪。

飘飘元是三山侣，两两还呈千岁姿。

似拟碧鸾栖宝阁，岂同赤雁集天池。

徘徊嘹唳当丹阙，故使憧憧庶俗知。

最后，宋徽宗在画作左下端签押“御制御画并书”及押书“天下一人”。

宋徽宗名下的存世绘画作品并不算多，基本分为两种：“御题画”和“御笔画”。“御题画”是由他命题，旁人代笔；“御笔画”则是亲自所绘。这幅纵 51 厘米，横 138.2 厘米的《瑞鹤图》就是由他亲笔所绘的绢本设色工笔画，现被辽宁省博物馆收藏。此幅画作中最不同于以往绘画作品的便是对结构的巧妙安排。全画用“界画法”打破了传统的绘画构思，放眼观之，一座宫殿房顶直耸进密布的祥云之中，借此构造出宫殿的巍峨感觉。石青色的天空连着浮云瞬间被拉满整幅画作，而画作中飞翔的 18 只白鹤，或展翅迂回，或回首观望，或昂首向上，或另辟飞路，姿态无一相同，各有特色。立于屋顶的两只白鹤，一只稳稳站立，引颈高歌，另一只颤颤巍巍，做随时飞起之状，姿态灵动，更添画作的活泼动感。全画虽意在写鹤，但并未将白鹤铺满全画，而是以一半景一半物来进行描绘。这种景物并重的手法更能衬托出白鹤的潇洒、飘逸之姿，使其成为整幅画作的亮点。

画作中最令人震撼的是宋徽宗对白鹤的细节描绘。白鹤的身体远观之，纯白一片，然走近细细观之，则会感叹宋徽宗绘画技艺的高超。徽宗绘画，重在写实。鹤的身体被宋徽宗轻轻描绘，细细粉饰后，全身的羽毛如根根分明般栩栩如生。仿佛一阵风吹过，鹤羽便会飘然而起。

“祥瑞”是这幅画想要表达的主题。如“图腾之龙”被视为吉祥的象征一样，“鹤”在古代被人们赋予了众多吉祥寓意，如长寿、圣洁、高雅、富有……这些形象都使“鹤”增添了传奇色彩。

不同于宋代其他的皇帝，宋徽宗是非常痴迷道教的。他先后敬重的道士非常多，如林灵素、王老志、郭天信等，皆与其交情匪浅。他的宠臣蔡京亦是崇尚道教，常邀请道士居住其家中。公元 1117 年，宋徽宗为使自己的皇权富有神圣性，自称为“教主道君皇帝”，并大力推广道教，将其地位与儒家比肩，为此他做了很多的努力。首先，厚待道士，兴建道观，铸造炉鼎；其次，组织人员编撰道藏、道史、道经，其中，《万寿道藏》多达五千四百多卷，为历史上第一部刻印的道书全藏；再次，开设道学，设道学博士，可同儒士一同参加科举考试；最后，赐道阶、道官、道职、道号。因为道教的迅速崛起，仅汴梁一城道士就一度达到 2 万余人。

因此，不难理解为何宋徽宗看见鹤后，便要绘一幅“御笔画”，也能体会为何宋朝百姓见此情景，皆言“盛世之年”“祥瑞之兆”。“鹤”在古人心中就是道教仙者的化身，修道之人皆称“羽士”，皆穿绣有仙鹤图案的“鹤氅”，就连他们素日做法事时的步姿也效仿白鹤。如此，鹤心里该高兴坏了：从此之后，我再也不是一只普通的鸟了。

《文会图》 以文会友

鸟鸣声响彻在绿茵茵的园林之中，一泓碧波轻轻地浮动。弯弯绕绕的亭廊延伸向芳草萋萋的石岸边，湖水一声又一声地拍击着青灰色的硬石。一棵粗壮的杨柳垂下无数柳丝，在风儿拨动下摇曳生姿。浓绿的古槐露出坚韧的树根，紧紧抓在地上，微微倾斜的身躯被柔软的七叶树环环缠绕，似恩爱无比的神仙眷侣相扶相依。一旁的玉竹也毫不示弱，颀长的竹竿上撑满了青绿色的竹叶，而它依然不肯压低枝头。

阳光穿过片片枝叶，倾洒在纯黑色的桌案上，桌案上的盘碟茶食排列有序。九位文人雅士首尾相连围坐于桌案边，壶中茶水已下

去大半，茶香四溢，他们微红的脸上溢满了知足的神情。

“笑语茶香压鸟鸣，日洒碧影吹微风。”

“好诗，好茶，好微风！”

“来，再饮一杯！”

“今日美景在侧，友人相陪，以茶代酒，必不醉不归！”

“不醉不归！”

“来来来，诸位再喝一杯！”

“贤兄好兴致，小弟佩服！”

“听闻贤弟琴技了得，不知今日能否一闻？”

“待我饮完这杯，便圆了兄长之念。”

……

娓娓之声盖住了树上的蝉鸣，侍女在四方桌案旁忙东忙西，不停地为宾客端茶。白衣小侍从站在桌案一角，饶有趣味地看着众人之乐。他旁边身穿黑色罩衣的侍从正微微弯下腰，靠在一儒士的身边低声耳语。古槐的后面，身穿一灰、一白衣裳的二位儒士似在互相认识，一人低头作揖，另一人昂首直立。不算太高的露台置于湖水的另一侧，旁边的白心黑边的四方桌上，侍从们正忙得团团转，有的擦拭茶台，有的取勺添水，有的轻端茶具，更有口渴者则端坐青石之上，大口饮着茶水。

一阵暖风吹来，杨柳掀起了它垂落的细细枝条，典雅的石几缓缓露了出来，白色的蒲团平整地铺在地上，几上瑶琴一张、香炉一尊、琴谱数页，它们似在等待一位知音前来。

“文会”是古代文人雅士再寻常不过之事。寻一处幽亭，觅一方美景，邀一众好友，茶酒助兴，诗文唱和。这幅《文会图》描绘的就是一场君臣间的宫廷茶宴。这幅纵 184.4 厘米，横 123.9 厘米的绢本设色画当不是由宋徽宗一人完成，而是与宫廷画师共同绘制的，现藏于台北故宫博物院。画作中的树木枝繁叶茂，显得生机盎然。树木之下，众人的形象不拘一格，神态各异，人物的发冠、头饰、服装等，描绘得非常入微。桌案的样式简洁高贵，凳子样式别致精美。画面布局合理，主次分明，用色典雅，透着浓浓的书卷气。

将画作之中的桌案放大来看，其上之茶具样式齐全精致。其中的茶盏没有把手，想要端拿茶盏又不被烫手的话，必须要配合盏托而饮。宋朝时期的茶盏和盏托样式繁多，而画作之中的青白色茶盏显出一股温润如玉的气质，非常符合当时文艺界的审美眼光。宋徽宗的这幅《文会图》心思玲珑、设计周全，与其说是一幅宋朝的名画，不如说是一篇宋朝“饮茶”文化的记录。

中国有句俗语，“柴米油盐酱醋茶，书画琴棋诗酒花”，饮茶是中国人日常生活中最普通的事。中国饮茶历史非常久远，宋朝时期的饮茶习俗其实是承袭于唐朝。彼时，普通百姓往往会在茶水里加以姜、盐、葱、薄荷、橘皮等来改变口感，而制作茶水的方式也十分繁复。到了宋朝，点茶风靡一时，饮茶上的很多细节都被逐渐改善。审美观念的变化、斗茶的兴起，使宋代茶具样式、颜色发生了变化。宋人品评茶汤，以白为贵，故黑釉茶盏备受青睐。同时，饮茶时崇尚茶的本味，点茶基本是不加调料的。

宋朝饮茶文化的发展离不开茶叶的盛产。茶叶的质量是茶水口感的保证，紧压形成的团茶在宋代，较之唐，制法更为精细，品质也更高。团茶的制作方法分为七步：采茶、拣茶、蒸茶、榨茶、研茶、造茶及过黄。制成之后的团茶又因为采摘时节、环境地点、茶叶形状等可细分为不同的品级，其中，建安（今福建建瓯县）凤凰山麓北苑的龙凤饼茶最为有名，专供朝廷享用。

宋徽宗在饮茶上的功夫非常了得。据说，御茶院因宋徽宗对饮茶玲珑剔透的心思，将贡茶制作出了近百种供其品尝。宋徽宗在茶文化历史上可谓标志性人物。他在茶的研究与实践上，尤其在点茶方面，表现出了非凡的天赋。他曾于延福宫等处大设茶宴，天子亲自操瓯，注汤击拂，众臣无不称妙。其著作《大观茶论》，对北宋时期蒸青团茶的产地、采制、烹试、品质、斗茶风尚等均作详细记述。其中，“点”一节见解精辟，论述深刻，对后世的茶文化发展产生了深远影响，因而赵佶也俨然成了“宋点”的祖师。

宋徽宗经常“延臣赐宴，表演分茶之事”，且手法娴熟，令众人仰慕。《文会图》就是记录了这样一场宫廷盛宴，文人学士齐聚一起“谈古论今、喝茶作诗”。繁荣的茶业发展与文化有着千丝万缕的关系。酒能助兴，茶可安神。大文豪苏轼曾言：“从来佳茗似佳人。”除苏轼外，两宋时期更有多位诗词大家，共著百余篇佳作赞美茶的可贵。

一叶可知秋，而一茶可通史，茶叶的发展也将更多的中国文化带向全世界。《文会图》的右上角乃蔡京所题的和韵诗：“明时不与有唐同，八表人归大道中。可笑当年十八士，经纶谁是出群雄。”这幅由宋徽宗与宫廷画师共同创作的《文会图》，用“以茶代酒”的方式写实地道出了宋朝“以文治国”的理念。

《芙蓉锦鸡图》 藏在锦鸡背后的官员德行

霞光穿梭在盛开的芙蓉花间，两枝迎风而立的粉紫色芙蓉花娴静微开。一只身披五彩霞衣的锦鸡展开双翅，“扑棱、扑棱”停在了芙蓉花的枝头，爪子紧紧地抓住枝干，将枝头压得极弯。锦鸡甚是漂亮，姜黄色的脑袋上顶着金黄色的羽冠，颈上围了一圈圈的白色羽毛。朱红色的腹部是极易吸引目光的地方，鲜血般的色泽衬得锦鸡格外威武。背上棕灰色的翅膀轻轻地合着，翅膀下方是最柔软的地方，乳褐色的绒毛看起来温柔极了。带有小小波点的细长尾羽一根根插在锦鸡的尾部，坚硬又分明。

晃动的芙蓉花没有扰乱锦鸡的注意力，它将头别向一旁，尖尖的嘴巴紧紧地闭了起来，目光直视正前方两只在芙蓉花旁嬉戏玩闹的彩蝶，似是羡慕极了。凉风吹过，一丛秋菊也被吸引过来，莹白色的花朵傲然而立，正跃跃欲试，似乎也想融入这一刻的美好之中。

锦鸡，分为白腹锦鸡和红腹锦鸡，它是雉科中最华丽的一种鸟，特别是雄鸟身上的羽毛更加艳丽无比。在中国神话传说中，锦鸡是凤凰的化身，有着富贵吉祥以及权力的象征。古人常常将其入画，一方面源于它本身美好的寓意，另一方面则是因为锦鸡多在荒芜的

秋劲拒霜盛
峩冠锦羽鸡
已知全五德
安逸胜凫鹥
宣和殿御製并書

山林间生长，有着非常顽强的生命力。

古时候锦鸡身上的自然特性常常被人们用来赞美人的五种道德品性。锦鸡身上的五彩花纹代表着文化；雄鸟神奇威武的模样代表着英武；雄鸟的好战特征代表着勇猛；雌鸟对鸡仔的爱护代表着仁慈；雄鸟啼鸣报晓代表着守信。因此，锦鸡在古人心目中的地位非常高。

宋徽宗的这幅《芙蓉锦鸡图》纵 81.5 厘米，横 53.6 厘米，是他创作的花鸟画作中比较有名的一幅绢本双钩重彩工笔画，现被故宫博物院收藏。

宋代的花鸟画十分注重对“内在”的追求，这也就要求画作要有真实感，画家对写实画法要运用技巧把握。《芙蓉锦鸡图》中，威严的锦鸡与活泼小巧的彩蝶形成一大一小鲜明的对比，画作的趣味性因此而来。枝繁叶茂的芙蓉花下，白菊一身傲骨盈盈而立，为设色艳丽的画作增添了一丝不俗的情调。秋季乃万物开始凋零之季，更是万物收获之季。画作整体布局有条有理、有疏有密，在秋天的一抹凉意之外带来了一丝生机，可见宋徽宗作画时的舒畅氛围和平和的心境。

苏轼曾言：“诗画本一律，天工与清新。”“诗画一体”的美感在《芙蓉锦鸡图》中被展现得淋漓尽致。“秋劲拒霜盛，峨冠锦羽鸡。已知全五德，安逸胜凫鹥。”这首宋徽宗的自题诗亦在赞扬锦鸡的“五德”之美——文、武、勇、仁、信。题诗的下方是“宣和殿御制并书”的题款和“天下一人”的押书。格局的讲究在这幅画里尤为显著。如彩蝶与芙蓉花比肩，不过高也不过低，不过远也不过近，彩蝶之美与花朵的娇姿相得益彰；题款与菊花比肩，较高于菊花枝头，使文书的气场全开，整体画作的气势一冲而上；题诗的位置紧紧挨着彩蝶，正是锦鸡目光所到之处，锦鸡似在赏蝶又似在吟诗，静止的画面顿时活了起来。

宋徽宗对绘画角色的细微观察亦令人佩服，这也体现出这位“文艺帝王”具有不凡的艺术修养。一花一叶一鸡一蝶，所用的“双钩法”技巧使细小的线条变得苍劲有力，色彩晕染层次清晰，“淡妆浓抹总相宜”用在这里最合适不过。《芙蓉锦鸡图》成就着宋徽宗，而宋徽宗也是借“锦鸡五德”来喻示朝廷大臣德行之重。

宋朝为防止官员利用职权行腐败之事，在约束官员德行上下了很多的功夫，也定制了许多规矩，比较严苛的规矩有三。其一，为官者不得入酒肆。宋代因为经济的繁荣，酒肆遍布街头巷尾，喝酒寻乐是百姓常有之事。但是凡宋朝为官者，无论何种方式、何种理由都不能在酒肆吃喝玩乐，一经发现定行处置，轻则贬官，重则罢官。其二，为官者不得吃四方食。宋朝朝廷为了防止官员心理日益膨胀，造成横征暴敛的现象，便对在职官员有了明文要求，在朝为官者不得向各地方搜刮特产美食，如有发现，一律重罚。其三，皇帝不得杀士大夫、上书人。宋太祖赵匡胤登位之后，便发下誓言说：“不得杀士大夫及上书言事人。”这一规矩从宋朝建国之初一直执行到亡国之时。在三百余年的时间里，文人士大夫很少因语言偏激不敬、上书朝廷而获杀头之罪的。最有名的“王安石变法”期间，苏轼曾多次强烈反对宋神宗改革，因上书言语偏激而被宋神宗下令其罪当诛。然宋神宗忽然记起祖训，最后将苏轼贬官降级以作惩罚。

在宋朝的历史长河中，上至帝王下至百官，德行的约束是宋朝为官者造福百姓的动力。宋真宗时期，为使官员能够克己奉公、廉政爱民，制定的《文武七条》一度成为官员信奉的真理。“清心、奉公、修德、务实、明察、勤课、革弊”这十四字箴言中，宋真宗认为“清心、修德”乃是治理国家的源头，德行品正，心无杂念便能助朝廷实现“以德治国”的理念。

宋仁宗时期，大力推行改革吏治、奖廉罚腐的政治措施。这种奖罚分明的举措对朝政的清廉有很大的帮助，并为朝廷提携出了一大批清廉官员，如“包青天”包拯及欧阳修、范仲淹、韩琦、司马光……“清心为治本，直道是身谋”，包拯所作《书端州郡斋壁》中的这句诗，表达出来的正是包拯一生所追求的公平公正、廉洁奉公的理想。“先天下之忧而忧，后天下之乐而乐”，这句范仲淹的为官理念亦成为对后世影响深远的千古绝唱……

以锦鸡之德喻官员之德，足见宋徽宗绘画时的用心良苦。可笑的是，这位亡国之君始终不过是活在自己畅想的世界中，并未看到民间百姓之苦和朝政之腐。公元 1127 年，靖康之变，北宋灭亡，这幅《芙蓉锦鸡图》最终成为金人攻占中原的战利品。

《腊梅山禽图》 吉祥之鸟与高洁之花

灰青色的天空阴沉得紧，北风呼啸拍打着紧闭的朱红色殿门。宋徽宗听着这腔寒冷声音，双手不由自主地向火盆边挪了挪，上好的木炭在盆中“滋滋”作响，不见一丝烟气。冷，还是觉得冷，汴梁一年最难熬的便是冬季。小宦官似是察觉到了宋徽宗的心思，思索片刻后轻声细语道：“官家，小人幼时一到冬季便觉得寒冷难忍，这个时候，小人便会围着院子跑上一跑，动起来了就不觉得冷了，反而长叹冬日时光过得太快。”

宋徽宗听闻并未回答，静静闭起了眼睛。半晌过去了，他才微睁开眼，说道：“朕前日见殿前的一小株腊梅开了，两只白头翁飞来，紧紧依靠在一起取暖，甚是温馨。想必将其入画也必是一幅佳作。”宋徽宗刚刚言罢，小宦官面露喜色说：“小人这就去准备。”

一盏茶的时间，黑色的桌案上已经铺好了绫绢，笔墨亦准备妥当。宋徽宗缓缓起身，移步至桌旁轻轻坐下，思考许久，方提笔运墨……

山禽矜逸態
梅粉弄輕柔
已有丹青約

一株躯干弯曲的腊梅在严寒的季节向上劲直而立，躯干上的细长枝条伸向四面八方，枝条上的小细枝参差不齐。几朵明黄色的梅花迎着寒意凛然开放，一股清雅的梅香飘散在寒冷的空气中。两只白头翁骤然飞来，压弯了本就弯曲的梅枝。它们似乎并不打算即刻离去，而是紧紧相依在一起，交头低语，温暖极了！梅树的根部，几束兰花悄然盛开，枝叶浓绿，花朵莹白。梅花的孤傲、兰花的清雅，在这冬春交接之际显得格外安逸。

宋徽宗的额角渗出星星汗珠，刚才的寒冷全然忘于脑后。画作上的墨汁还未收干，他缓缓放下笔，盯着画作好一会儿，头渐渐向紧闭的窗户转去。小宦官微躬着身子，瞥了一眼桌案上的画，细细说道："官家画得真好，山鸟看起来很吉祥。"

"你懂画？"宋徽宗没有扭头，淡淡地问道。

"小人不懂，官家恕罪。"

"这乃白头翁，长寿之鸟，你并未说错，本就是吉祥的鸟。"

"是官家画工了得，小人这笨眼才能看出来。"

"书画本就是世间最美好的良药，倘若你书看多了，还何谈笨眼？"言罢，宋徽宗又提起笔，轻蘸墨水，在画作的左下角写道："山禽矜逸态，梅粉弄轻柔。已有丹青约，千秋指白头。"又在右下方题款“宣和御制并书”，押书“天下一人”。在画作上方盖完几枚印记后，他问道：“几时了？”

“回官家，大约申时了。”

宋徽宗端详了一会儿画作，说：“世间不畏寒者也只有腊梅了，收起来吧。”

小宦官小心翼翼地卷起桌案上的画作说：“官家，此画还未赐名。”

“就叫《腊梅山禽图》。”

小宦官微微鞠躬，怀里抱着这幅《腊梅山禽图》缓缓向桌案旁的围帐后面走去。宋徽宗伸了伸腰，自言自语道：“这么阴沉的天，怕是要下雪了。”

……

梅花自古便是最傲骨嶙峋的花，万花开春季，独梅花在饱经严寒之后花朵更加艳美，因此古人眼中的梅花是坚韧高洁的象征。古代文人墨客对梅花的喜爱程度在诗画之中皆可寻到。宋代文学家范成大曾在《范村梅谱》的后序中言：“梅以韵胜，以格高，故以横斜疏瘦与老枝怪奇者为贵。”所以，古人画梅，梅之姿态皆离不开横、斜、疏、瘦、怪、奇。王安石更为梅花作诗一首：“墙角数枝梅，凌寒独自开。遥知不是雪，为有暗香来。”梅花在古人的画作中从来都不是热热闹闹的景象，暗香涌动时，方知梅花开。

早在先秦之时，舜帝南巡，在防水高台堤种下兰花，因此被称为兰台。兰花，是历史最悠久的花草之一。“兰为王者香”，孔子是历史上第一个赞美兰花的人。兰花所及之处，皆离不开君子。楚国大夫屈原对品行高洁的兰花更是情有独钟，而东晋著名书法家王羲之一生有两大爱好：鹅和兰花。他所著的《兰亭集序》中的行书字体，正是从兰叶之姿中受到了启发。到了唐朝，兰花逐渐被种植到庭院、园林之中，被更多文人儒士喜爱。然兰花最鼎盛时期实则是在宋朝，这个时期描写兰花的书籍画作非常多，《金漳兰谱》《王氏兰谱》《兰谱奥法》……

因此，《腊梅山禽图》虽用寥寥几物构图，却是一幅有着不凡寓意的画作。迎寒而上的寒梅、昭示春天的君兰、经久不衰的白头翁，它们安然自若地享受着冬季的严寒，毫无畏惧之态。这实则是作者宋徽宗自许对艰难困境有着坚持不懈的态度。其中也隐含着他的政治理想和对百官臣民拥有高尚品质的期许。

可画始终是画。公元 1100 年，宋徽宗继位，直至 1126 年，金国军队入侵北宋，宋徽宗让位给太子赵桓。在位的二十余年中，宋徽宗经历了建中靖国、崇宁、大观、政和、重和、宣和六个年号。从年号的名称之中就可以看出宋徽宗理想中的北宋乃是国盛、民富、官廉、政顺、江山和。这样的美好追求却因为他对国家治理能力的欠缺而化为泡影，宠臣蔡京、童贯及时“上线”，宋徽宗就这样“高枕无忧”地去摆弄他的花花草草、琴棋书画了。

我们再细细观看这幅纵 82.8 厘米，横 52.8 厘米，现藏于台北故宫博物院的《腊梅山禽图》，简约的构图中则是有动有静的画面感。梅花绘画色调高雅坚韧，线条的功力雄厚不张扬。不屈的枝干中透露出梅花本身就有的一股傲气。梅花贵少不贵多，故尽管梅枝苍劲，却仅有几朵花朵点缀，这也就为寒冷时节中的梅花更添一股不屈的精气。

画中最灵活的莫过于两只小鸟，水墨力度把握得当，层次分明的晕染使其活泼生动，黑亮的眼睛更显得它们十分警觉。它们依偎在一起的样子，让寒冷的冬季有了一丝暖意。

兰花较之于傲骨梅花，更显出一抹幽雅内敛，工笔流畅的兰叶，或粗或细，形象传神。兰花也为画作本身增添了一股文韵气息。这还不够，瘦金体书体的题诗又将画作之意书写得潇洒自如，诗画此时融为一体，这幅设色花鸟画亦至此达到最高境界。

《池塘秋晚图》 运墨而五色具

公元 1119 — 1125 年，北宋宣和年间，由朝廷主持编撰了《宣和画谱》，这是一部著录宫廷中所收藏绘画作品的书籍。书中共收录魏晋至北宋画家 231 人，作品总计 6396 件。其中，花鸟画家有 46 人，花鸟作品达 2000 余件，展现出花鸟画经过历代的发展，在宋代迎来了辉煌的发展。

宋徽宗赵佶对花鸟画最是喜爱，他非常注重花鸟作品的写实性，同时又常常将绘画与诗文联系起来，“诗中有画、画中有诗”一度成为北宋绘画界的新型绘作方式。在宋徽宗的影响之下，北宋时期的花鸟画作呈现出来的形式、内容丰富多彩，画作意境别有气韵。由于宋徽宗对绘画的喜爱，大批文人儒士纷纷涌进绘画的潮流之中，“尚意”之风开始流行，水墨晕染的绘画作品成为众多画家纷纷效仿的对象。水墨绘画“意足不求颜色似”，追求画中意趣，较之于传统设色画作，水墨晕染的表现空间非常丰富。

到南宋时期，花鸟作品在北宋的基础上有了很大的改观，画作尺寸变得小巧精致，相对于北宋的长幅巨制，南宋的花鸟画作别有

一番清秀隽美的情趣。中国历史上的花鸟绘画在南宋达到了一个新的高峰。

我们所看到的《池塘秋晚图》是一幅横 237.8 厘米，纵 33 厘米的花鸟巨作。它是宋徽宗所创作的一幅粉笺画，现收藏于台北故宫博物院。该幅作品之笔墨甚为质朴，想要感受画作之美就得走入画中之境……

浓浓秋意笼罩着院中一方池塘。池塘岸边，细细长长的红蓼被秋风吹弯了身躯，穗状的花序红得娇艳，害羞地低垂着。红蓼的旁边，水蜡烛的叶片随着风与之顺成一向，乳黄色的烛棒似被暖日点亮的灯火，远远望去，金黄一片。傍晚的秋景甚是好看，落日的余晖

照在青绿色的水面上，风吹起了一道道温柔的波纹。蓦地，一只白鹭扑棱着双翅轻轻立于水面，乳白色的羽毛被镀上了一层淡淡的柔金色。它缓缓合上双翅，像一位高洁的仙子，甚是优雅。白鹭高傲地将头别向后方，乌黑的眼睛环视四周。一只五彩的鸳鸯正安静地浮在池塘中央，浓黑的眼睛中充满了疑问：咦？我的老伴怎么不见了？在它身后的不远处，另一只鸳鸯正从空中急急地朝水面上的伴侣飞来。朵朵落花洒下，水面变得更加艳美。“噗、噗”，不远处的枯黄荷叶随风摆动，有的已经倾倒于水面之上，但颀长的荷茎依然努力撑着硕大的叶子，似一把把漂浮着的大伞。荷花的花瓣随着水面的波纹晃动，孤立的茎上只有一个干枯的莲蓬。秋风再次吹起，水草早已没了主见，轻轻荡荡地摇晃着身躯，低喃着关于秋天的萧瑟……

《池塘秋晚图》因为粉笺的材质，在宋徽宗所有的花鸟画作中显得格外珍贵。粉笺是当时极为珍贵的材料，偶见于宋代法帖，其光洁艳丽的粉质纸面上一般都印有卷草纹路的图案，非常精美。但它的吸水性能非常差，往往会影响到水墨绘画的发挥。可是这幅宋徽宗的花鸟粉笺图的整体意趣毫不逊色。池塘水岸边的红蓼和水蜡烛的枝叶一粗一细，一浓一淡，微弯的身躯描绘出二者生长之姿极其细长。白鹭蓦然而来，其张开双翅欲迎风而翔的姿态给画作增添了浓浓的张力。荷叶倾倒，水草轻飘，秋天该有的枯败之态尽显出来，而欲飞的白鹭此时显得格外耀眼。鸳鸯是秋天单调色彩中的一抹惊喜，雄、雌两只鸳鸯恰到好处地互动，亦为萧瑟的秋季带来一丝生机。白鹭与鸳鸯，水草与落日，生机与枯败形成鲜明的对比，为画作增添了无限回味。

《池塘秋晚图》在构图上采用了前朝传统的方式，打开画卷，似娓娓叙说故事般将画作分段展现。卷首处的红蓼和水蜡烛，卷中央的荷叶和白鹭，卷尾的落红和鸳鸯，都在描述着不同的场景。但是当它们连在一起后，整个池塘的面容豁然清晰。各个场景之间并不冲突，荷叶和白鹭依然是画中的主体。池中植草在画面上虽然无太多呈现，但是以稀点密反而使其姿态更加真实。

此画作水墨的晕染层次清晰，丰富的浓淡层次为画作带来诸多情趣。白鹭的白色在墨色荷叶的衬托下，格外圣洁。黑白分明的对比，使水墨画的意境更加有味。白鹭的娴静之姿，与鸳鸯欲飞的动感相映成趣，平静的池塘开始变得流动起来……

水墨画最早成型于唐朝，五代时期逐渐走进百家视野，而宋朝将水墨绘画推向了极致。水墨画讲究“墨即是色”“墨有五彩”，也就是说，水墨分层次进行浓淡晕染的变化，代表不同颜色的变化。早在唐朝时期，著名诗人、画家王维就已经提出了“水墨至上”的绘画方式。到了宋朝时期，花草、虫鱼、鸟兽等，这些自然风物纯以墨色入画已经习以为常。

水墨作画最考验画家的笔法，笔法深厚者才能成就物象的神韵。而墨的晕染技巧也考验着画家的审美能力。想要从单一的颜色中创造出不同景致的丰富美感，晕染时需通过墨的干、湿、浓、淡、焦五种不同的深浅程度变化使画面产生丰富的层次，以墨当彩，写形貌色。画家在单纯创作美感的同时，看似无色彩的水墨掺入更多的“实”，则是古人深厚学养的体现。而墨中意境随着画家不同的生长经历及美学领悟，带来不同的艺术表现，刺激着后人的视野。“境由心生”，这也是画家在借单纯的景物表达自己内心世界的真实情感。

《红蓼白鹅图》 古人结婚时的必备聘礼——鹅

点点碧波在突兀不平的湖岸边荡漾，一株弯曲婀娜的红蓼在湖水边摇曳，粉黄色的花穗略微下垂，片片黄绿色的叶子布满了红蓼的修长枝干。灰色的泥沼中，一只白鹅悠闲地独卧其中，它优雅地将头伸向后面，橘红色的嘴巴懒洋洋地梳理着皎洁的羽毛。它定是被人喂养得极好，不然何来这肥硕的身躯？白鹅的眼睛乌黑得发亮，像耀眼的黑色宝石。

阳光正斜照在白鹅的身上，皎洁的色泽像是发着光一般。许是阳光照耀得太过温暖，它似乎快要睡着了。岸边细小的鹅卵石大小不一，但并没有硌到白鹅的身躯。湖面平静极了，没有一丝微风。如此美好的天气，如此美丽的白鹅……

这幅纵 132.9 厘米，横 86.3 厘米的《红蓼白鹅图》，是宋徽宗创作的一幅绢本设色画，现藏于台北故宫博物院。全画清新淡雅，画家运用纯熟的工笔绘画手法，将一只普通的白鹅刻画得雍容华贵。作者对真实景物的观察细致入微。细看白鹅的身躯，洁白的羽毛中又用白粉勾勒出细细的纹路，这就使羽毛有了层层叠叠的层次感。淡黄色的线条将白鹅羽毛及身躯的轮廓进行勾画洗染，极富立体感，同时，又衬托出白鹅的富贵之气。湖岸用破笔淡墨一扫而过，岸边的湖水用工笔描绘出一条条弯曲的线纹，于是水有了流动之态，也给湖岸带来了潮湿的感觉。静卧于湖岸的白鹅在墨色的衬托下，似乎有光从身上散出。

红蓼花期一般在夏末秋初，画作中红蓼花叶的颜色中心墨绿，叶边微黄，将秋季的萧条之感描绘了出来。花穗也不像是夏季盛开时那么粗大，在色泽上不似白鹅的莹白色，而是一种即将干枯的枯白，显得毫无光泽。宋徽宗的花鸟作品，展露出来的大多是一样的思绪，一物落一物生。像之前提到过的《池塘秋晚图》和这幅《红蓼白鹅图》，皆是用植物的凋落衬托秋季的萧瑟之感，但又用动物的活泼给生活带来一丝盎然生机。这就使画作不张不扬，观画之人不悲不喜，内心平和。

鹅是由鸿雁驯化而来，在古代有着独特的寓意。它勇敢顽强且爱好和平，它最珍贵的地方是对感情的忠贞。因此，鹅在古代被赋予了忠贞、永恒、志向远大、生命顽强的象征。古人婚聘时的讲究非常多，但有一样是一定要准备的，那就是聘雁之礼。雁是忠贞之鸟，遇到任何难关，雌雁、雄雁都会携手共进、不离不弃。男子婚聘时送雁，也代表着他将在今后的生活中成为一个有担当、守信用的丈夫。而雁乃迁徙之鸟，南来北往，想要捕捉并不是一件容易的事情，因此，寻常百姓家因鹅与雁是同一个祖先，便有了婚聘时以鹅代雁的传统。

说起古人的婚聘之礼，最早始于西周时期，后被历朝历代承袭，但到了宋朝，繁复的婚聘之礼有了很大的变化。隋唐时期，女子婚嫁十分讲究对方门第的高低，必然会在家族门阀之中考量一番。而到了宋朝，门第之见相较于前朝有所改变，女子婚嫁逐渐向世交之情、亲友之谊靠拢。然而实质上依然重视男子的“财力”与“才能”，宋朝时期的“榜下捉婿”一度成为街头巷尾闲谈说趣之事。

科举考试揭榜之日，来围看榜单之人除了参加应试的考生外，更多的则是适婚女子的家人。登第士子一旦公之于众，众人求婿的场景与“捉人”如出一辙。就连宋真宗赵恒都曾感叹：“娶妻莫恨无良媒，书中自有颜如玉。”因此，“不及第不成家”成为宋人常常挂在嘴边的誓言。

宋人对“财力”与“才能”的重视，客观地反映出宋朝经济文化对百姓生活的影响。这一切不过是帝王“重文轻武”带来的一系列相关反应。

除了“榜下捉婿”，“招赘婿”也曾是宋朝非常风靡的婚嫁方式。家中无子的富贵豪绅，往往首选的便是“招赘婿”，即将与女儿成婚之人招入家中谱入宗室。赘婿虽然是入赘到女子家中，但地位是非常高的，待遇并不逊色于亲生骨肉，且有继承丈人家财产的权利。而前朝时期的赘婿地位是非常低微的，与奴仆并无差别。相比于前朝，宋人在婚嫁上的开放程度及思想观念都是非常进步的。

宋朝吴自牧所著的《梦粱录》中还记录了宋朝男女“相亲”的详细过程。男女两家如若有适婚者，可先央托媒人至对方家中进行说合，要是双方都有意愿，则须议定要不要进行“相亲”。议定之后，男方须择一吉日备上薄酒礼品，选一处静幽之地两两相见，这便是宋人的“相亲”。相亲之时，如若新人中意，则需将备好的金钗插于女子发冠之中，名曰“插钗”。如若不中意，男子则要送女方彩缎二匹，名曰“压惊”，以示婚事不遂。

婚嫁一旦提上日程，三书六礼就会接连上场。传统的“三书”指的是聘书、礼书、迎书；“六礼”即纳采、问名、纳吉、纳征、请期、亲迎。这个时候，雁或者鹅就会起到至关重要的作用。六礼中的纳采、问名、纳吉、请期、亲迎都需要用到雁或者鹅，鹅也因此成为富贵吉祥、自带喜气的动物。

痴迷道法的宋徽宗对祥瑞之兆、吉祥之物格外喜好。他所绘的所有花鸟画作中，展现出的动物皆是被人们赋予了吉祥色彩的，如“仙家之鸟”白鹤、身负“五德”的锦鸡、“长寿之鸟”白头翁、“幸福之星”白鹭、“白头偕老”的鸳鸯，及“忠贞顽强”的白鹅……宋徽宗以自己喜欢的方式解释着对“祥瑞”的领悟，却不曾意识到“祥瑞”并非是永恒的，多多关心朝政、民生才最为重要。

《雪江归棹图》 宋徽宗最得意的画作

绵绵不断的冬雪下了好几日，天气更冷了一些，寒气直冒的江面还未结冰，江水缓缓地向着东方流去。乌黑色的树木散立在江岸两边，或枝干挺直，或低垂弯腰，或倾斜而立。刺骨的寒风不停地吹，江面的中央漂浮着点点船只。阴沉的天空下，船舱中的荧荧烛光昏暗不明，船夫紧了紧披在身上的蓑衣，似乎这样便可遮挡些许寒气。

茫茫一片的江上，偶有几只水鸟与山鹰凛然飞来，爪子刚碰了碰冰凉的江面，便腾地一缩，迅速离去，水实在是太凉了。远处的摇橹声打破了冬日里的寂静，橹桨一下一下击荡着水面，波纹随着船的前行四散而去，水面顷刻间便又恢复了宁静。岸边的林中有少许行人在雪地里吃力地行进，北风吹过，掀起地上的片片雪沙，行人似乎又消失不见了。晶莹的雪花飘飘然落下，远处的高山雄伟壮丽，昔日的蒙蒙青色变成了今日的银装素裹。山并不止一座，有的是山头连着山头，有的是山脚搭着山脚，还有的山从山腰处蜿蜒而去。远远望去，连绵一片，高低起伏，甚是奇特。

原本宽阔的江水在靠近山的地方渐渐变得狭窄起来，但并不影响船只的通过。山树一棵接一棵地紧紧挨着，为白色的山峰增添了一抹色彩。雾气腾腾而来，从江上慢慢升至山峰，四周群山巍峨。船夫暂停了摇橹的动作，环顾四周，像是进入仙境般，脸上挂着一丝惊异。

“官人，怎么了？”女子轻柔的声音从船篷中飘来。

“今日怕是要先靠岸边了，雾气上来了，执意前行恐有危险。”

“那就先靠岸吧，我们升起火堆，来取取暖，实在是太冷了！”

“哎，就听娘子的。”船夫笑着慢慢掉转船头。

雾气越来越大，江面迷蒙一片。不断有渔船从山脚下折回，这样的天气想要捕鱼怕是也很不容易。似乎过了很久之后，一缕火光在岸边的树林中时隐时现。歌声飘飘荡荡，从寂静的江边传向四面八方。紧接着，远处似有船夫和起歌来，朴实悦耳的歌声一高一低，驱散着阵阵寒意。被大雪覆盖后的江山万物，顿时变得圣洁起来。

《雪江归棹图》是宋徽宗所有绘画作品中他自己最为得意的一幅山水画。从公元 1102 年至 1110 年间，饱受外患纷扰的北宋，在这个时期得到了暂时的喘息之机。此时昔日的两大强敌辽国和金国之间的矛盾，日益加剧，宋徽宗利用这个时机，在西北、西南大力扩充疆域，稳固了边

防和边疆地区的地方政权。

公元 1103 年，北宋的王厚、童贯二位将军率军从熙州出发，攻陷西番一地，恢复设立了湟州；

公元1104年，王厚、童贯再次监军，顺利攻占鄯、廓二州；

公元1106年，宋徽宗允西夏议和，废银州，设为银川城；

公元1107年，北宋设立庭、孚二州，并于同年夺取南丹、溪峒两地，设立观州；

公元1109年，北宋在泸州设立纯、滋二州。

短短几年时间内，宋徽宗一举攻占收复了如此多的领土，扩大了疆域，这是他在位二十余年中的昙花一现。宋徽宗的内心因此充满了巨大的成就感，而《雪江归棹图》就是在这个时期所创作的。画能抒情，画能明意，这幅纵30.3厘米，横190.8厘米的山水画作想要表达的正是此时宋徽宗对收复大片山河的期许及满足。

全画构图上是北宋惯用的大气磅礴之势，全画一半以江水为主，一半以山川为主。江水区域多平坦，偶见微山凸起，山川区域则巍峨高耸，高低起伏，绵延千里，这就给观者带来一定的感官刺激。平静江水中的点点船只和岸边的少许行人是画作的亮点，为肃杀萧条的冬季带来一丝生机，为平静的画面注入了鲜活灵动。墨色的树木安排得非常恰当，若太多会掩盖江山的风姿，若太少则会显现不出风雪的特色。江岸两边稀稀落落的黑色树木从头至尾一直贯穿全画，将堤岸、群山的皑皑白雪衬托得格外真实。

宋徽宗这幅《雪江归棹图》打破了传统的绘画手法，用来构画山水的线条不再连贯舒展，而是随意又精短，冬日的雪景山水，反以细碎之笔勾勒、点皴。这样的手法重在用层层叠叠的方式来展现寒冬的雪色迷茫及山川的雄峻。“蟹爪法”是山水画中绘画树枝时常用的手法，故又称“蟹爪枝”。绘画时勾枝要果断，笔笔相接，或方或圆，成树的样子一般苍劲老成，树枝呈垂下之态，长短不一，争让有序，疏密有间，聚散适宜。而在这幅画中，作者放弃了风行的“蟹爪枝”技法，树木皆用“鹿角法”构画。“鹿角法”讲究枝节颀长流畅，节与节之间粗细长短相差并不大，而且邻节之间角度也相对较窄，枝条如鹿角一般向上而立，这就显得树木非常有朝气，如此，也为寒冬带来一丝希望。

以黑墨晕染雪景其实并不容易，白与黑的把握相当重要。细细观察就会发现，画作中密密点点的黑墨以浓厚的笔法在山脊、河岸、石棱等处勾皴，这就为雪景营造了一种纯厚、质朴、高远、壮丽的气韵。宋徽宗绘图时的心境应该如这幅雄浑大气的山水画一般，内心不再如以前般痴迷眷恋，而是充满了对千里江山的敬畏。

这幅现收藏于故宫博物院的《雪江归棹图》见证着宋徽宗政治生涯中的耀眼时刻，更是中国山水画高潮时期的一颗璀璨明珠。但是随着北宋的灭亡，蓬勃发展中的中国画出现了短暂的停滞，在静默中酝酿着重新崛起……

《竹禽图》 时光中的信

（一）

尊敬的宋徽宗：

您好！我来自距您将近1000年以后的中国。一个偶然的机会，在美国纽约大都会艺术博物馆里有幸见到了您的《竹禽图》真迹。您可能不知道美国是在哪里，简单点来讲，它是另一个经济发达的国家。如今的中国已经不是您脑海中的样子了，它没有战争，人人都可以上学。这样的幸福其实也是经历了很多千疮百孔的战乱和无数国人的英勇牺牲后才换来的。我们这里的人们对现今的生活都备感珍惜。说出来可能会引起您无限的忧思，可是我实在不懂，为何您艺术上的才华没有均分一点到您的政治才能之中，不然，您也不会有“靖康之变”这么惨痛的经历，那么，宋朝或许会比中国历史上的任何朝代都要璀璨。

十分抱歉，我的话语对您来说可能有些唐突，但在这个开放的国家中，我们追求话语自由。好了，我是一定要与您聊

聊您的画作的。素来知晓您的花鸟作品画功十分了得，那天一见，真是震撼！乌墨勾勒出石崖凹凸不平的边沿，粒粒顽石分外清晰。我虽然在画中看不见危崖险山，但是光从画中崖石的一角就可以感受到山川的雄浑大气。石崖中伸出的两枝细微的青竹格外顽强，它们一高一低形成了一个“V”字，这个字在我们这个时代是胜利的意思。我懂您心底深处的那股倔强之气。您的竹叶和竹枝并没有仔细勾勒纹路，但是这种看似随意粗拙的晕染手法，倒配得上野竹生长的环境，显得自然而颇有意趣。翠竹下方的一丛荆棘使我想到了宋朝当时所经历的内忧外患，想必彼时百姓流离失所，您的内心也一定不好受。

画作之中我最爱的便是您画的这两只山鸟。它们于竹枝上一高一低地立着，低处的那只山鸟侧背着身子，它高傲地扬起头看向高处的同伴。而高处的山鸟似乎有所回应，头向右边微微斜着，目光与另一只山鸟彼此交汇，眼中流光生辉。它们的嘴巴一张一合不停鸣叫，不知是否在歌唱这一美好的时刻。我突然想到了唐代诗圣杜甫的一首诗《绝句》：

两个黄鹂鸣翠柳，一行白鹭上青天。
窗含西岭千秋雪，门泊东吴万里船。

您画作中的两只山鸟不正似诗中这两只美丽的黄鹂吗？可您绝对不是那忧国忧民的杜甫，这是令我最难过的一点。我多么希望我欣赏的画家彼时也曾忧心政治，忧虑百姓啊！但我依然敬重您的才华，您领导下的北宋虽然最后国破家亡，但您在历史上对文学艺术的贡献是不可埋没的。“道君聪明，天纵其于绘事，尤极神妙。动植物无不曲尽其性，殆若天地生成，非人力所能及。此卷不用描墨，粉彩自然，宜为世宝。然丛尔小禽蒙圣人所录，抑何幸耶。”画作中后人赵孟頫的题跋是对您艺术才华的最大肯定。

贸然打扰，请您见谅！实则是我对您的画作太过喜爱，就是不知这封跨越千年的信是否能到您的手中？

一个来自千年以后的中国人

（二）

中国人启：

朝阳漫洒，白云铺卷。早起上朝归来，见桌案边有一奇怪物件，缓缓打开阅之，竟见字如面，恍如梦境。不知你是否乃神家仙子特来警之，使朕备感有趣之余，心中惊起一丝忧伤。朕原谅你的年轻不敬，但怀疑你是否真的懂朕心中之伤。

元丰五年（1082）十月十日，乃朕出生之日，虽是双十之日，然朕一生并不完美。

次年，朕被赐名赵佶。十月之时，父皇又赐朕为镇宁军节度使并封宁国公，彼时朕还是一婴孩，并不知此为何意。

元丰八年（1085），兄长哲宗继位，朕被封为遂宁郡王，此时朕才三岁。

绍圣三年（1096），朕以平江、镇江军节度使的身份被进封为端王。此年，朕已十四岁，开始接受皇室教育。

两年之后，朕又被加封为司空，改任昭德、彰信军节度使。然朕当时真的不知这于朕有何意义。

元符三年（1100）正月，朕记忆犹新，兄长哲宗病逝，因他一生并无子嗣，朝中一时大乱，内外惶惶不安。

兄长本是治世之才，然年幼之时便身体羸弱，在位仅十余年便不幸病逝。他一生无子，逝后皇位堪忧，国乱四起，边疆紧急。朕本是一热衷文学艺术之人，因有兄长在前，故从不操心朝政之事，父皇母后厚爱不已，故而朕从小养尊处优，性格放荡，不知人间疾苦。奈何国难之时向太后将我推立为帝，建号“建中靖国”。有过惶恐，也有不安，然既来之则安之。朕虽不能改写命运，然仍可坚持热爱文艺之初心，一思至此，内心便欢喜不已。

可国不可一日无君，朝不可一日无主，人非圣贤，岂能十全十美？眼下当务之急便是重用有能之士。朝臣蔡京信誓旦旦，述其光辉理想，以实现宋之国富民强。朕听闻甚是感动，也知此人较朕善理朝政，于是便由其一手打理万里江山。然朕识人不准，听信谗言，荒废朝政。后面之事不必多言，其中曲折史书自会书写。是非对错，朕全然接受。

阅阁下之信件后，朕心中已然猜到结局。今日大宋早已不是昔日繁荣之象，党项、契丹、女真等外族不断侵犯我朝边境，连年征战使我朝国力早已不及往日。先帝流传下来的“重文轻武”祖训，本是望此后永无战争，国泰民安。然事有兴衰，一荣一枯，如今金国蠢蠢欲动，朕真不知还能坚持几许？

至于谈及朕之画作，深感欣慰。文艺乃朕毕生之爱，更是一个国家立足之本。好在这些没有断送在朕之手中，不然真是无颜面见先祖。除绘画、朝政外，你也该多了解朕之其他才能。“瘦金体”乃朕所创，为此亦颇为自豪。此外，吹弹、声歌、词赋、茶艺等，朕亦无不精擅。如若可能，真愿同你切磋一番。

中国人，朕不知你朝是何面貌，听你言及，甚是羡慕。然朕之一生已走完大半，想要回头，已然不可。如你所言之“中国”属实，朕真是高兴，愿尔等妥善保管大宋文物画作，将历史长留人心。如此，朕无以言谢，唯有一信而已！

赵佶

注：《竹禽图》是宋朝第八位皇帝宋徽宗赵佶的一幅绢本设色画。画作纵 33.8 厘米，横 55.5 厘米，现藏于美国纽约大都会艺术博物馆。

《五色鹦鹉图》 宠物之王

汴梁一座茶楼之中，围满了形形色色之人，大家喝茶聊天，你说我笑，嘈杂之声不绝于耳。“当”的一声，醒木一放，茶楼中央一瘦削的老者快速撑开手中折扇，一本正经地说道：“诸位安静，今日且听老翁来说一说咱们官家的《五色鹦鹉图》。”

“话说，宣和年间，一股养宠物的热潮袭卷全国，汴梁城中一时间猫喵狗吠、鸡叫鸟语，恰如进入了动物世界之中。有人觉得白鹅膘大肥美，养腻了正好杀了炖吃；有人稀罕池中鲤鱼，五彩颜色，一团喜气；有人更爱牛马羊驴，既能干活还能卖钱，真是快哉！然这些宠物实则并不稀奇，真正稀奇的乃是官家养的宝贝——鹦鹉。鹦鹉可是神鸟，它能懂人话，知人心，学人舌。此鸟颜色极其漂亮，说是天边彩虹也不为过。鸟喙强劲有力，常喜欢吃些坚果、种子、昆虫之类的，非常好养活。言归正传，我们继续说官家的鹦鹉。”

老者放下折扇，端起桌边的一杯茶水，快速喝上几口，“簌”地一下，又将折扇骤然打开。台下一片寂静，众人皆目视老者，期待不已。

“据说有一年，陇州向官家进献岁贡之时，正好赶上了宠物热潮，于是特意调教了两只善学人语的鹦鹉，献与官家，以博帝王一乐。要说这大千世界，芸芸众生，养只鹦鹉也并不奇怪。况且官家也确实喜爱一些花花草草、鸟兽虫鱼。足以想象这两只鹦鹉进入宫中，那待遇会差吗？那鹦鹉……”

“你这老翁，满口胡言，什么叫‘足以想象’？难道不是你亲眼所见才说与我等？”听者之中有一穿青衣的年轻儒士愤愤不屑。

“年轻人说到底就是年轻，那皇宫是什么地方？是我等身份可以进去的吗？说书喝茶不过是为逗大家一时之乐，你听你的，我说我的，觉得好的，给我这老翁两个赏钱，觉得不好的，拍拍屁股走人，我也不追着你。”老者淡定自如，眼角余光瞥向一边，一副俨然有理的样子。

“赶紧讲吧，大家来此都是图一乐趣，何必较真呢？”众人纷纷说道，年轻的儒士悻悻而坐。

“咱们书接上回。鹦鹉进宫，一直被养在御花园之中，官家因为一时忙碌，不得相见。这御花园可不是我们寻常百姓家的小花圃，园中之花大多名贵，奇花异草甚是齐全，还配有花匠专门打理。而且园中树木极多，亭台楼阁，假山流水，那叫一个美。鹦鹉每天在此处过得逍遥快乐，悠闲自得。然神鸟岂无出头之日？果然，官家与其中一只鹦鹉遇上了。当时的情景大致是这样的：御花园中的一棵杏树灿灿开花，皎洁之色可同日月争辉。鹦鹉舒展五色羽翅在杏枝间舞动，还不时发出一两句‘杏花开了，美极了’的清脆之声。官家刚好在园中漫走，听见这有趣的鸟叫声就寻了过来。不见则已，一见倾心。纯白色杏花配以五彩神鸟，那画面既清新又活泼。官家看痴了，久久不肯离去，他对神奇之鸟格外倾心，更别说这只会说话的鹦鹉了。只见他吩咐了身边近侍几句。过了一盏茶的工夫，桌案、木椅、笔墨、纸砚等纷纷被一众奴仆带了过来，安置于御花园之中。”

老者说到此处，清了清嗓子，轻抿一口茶水。众人似乎已经听得痴迷，望着老者的举动竟露出一丝急不可待的神色。

“官家画画那可是一个字——绝！咱们这位官家别的先不说，

绘画上实在有天赋。只见他思索片刻，便开始执笔作画。大约过了两炷香的时间，官家面露喜色，放下墨笔，画作成了。他身穿的朱红色衣裳上墨汁尽染，手上，臂上，黑墨都留下了印迹。这定是一幅佳作，不然还真是可惜了这套华服。”

“那他到底画得如何？你倒是说呀！”听者之中已经有人等不及了，迫切地想要知晓画作如何。

“别急别急，心急吃不了热豆腐，我这不是正准备说嘛！且听我细细道来。”老者手抚花白胡须，轻笑着说道。

“《五色鹦鹉图》绘成之后，官家一时高兴，便让园中之人，不分贵贱皆来赏画。只见几枝杏花枝条从画作底部向上散布开来，用淡墨勾画出轮廓，或细或粗，或弯或直，不细看，竟会觉得这是几枝放于画作上的真枝。白粉层层晕染花朵，再用浅绿色淡敷，莹白的杏花轻盈地点缀于枝头之上。有的杏花傲然而立，有的含苞未开，有的花朵似被风吹过一般飘落几瓣，简直太美了！而花枝最粗最高的那枝上面，一只鹦鹉悄然而立。这是一只红颈鹦鹉，脖子上面一片朱红之色，背上羽毛比翡翠的绿色要浅一些，但又比青竹之色浓一些。它的翅膀微微合起翘着，羽尾修长滑顺，胸部橘红色绒羽之中带着层层黑色纹路，头顶为墨灰色，其下方还掺有一丝朱红和一抹杏白。鹦鹉的嘴巴青黄弯曲，似要随时准备说话。它的爪子青灰纤长，其中一只紧紧抓住杏枝绕成一圈，另一只爪子微微露出一点。别看鹦鹉是单脚独立，可这样的抓法实在是牢固，风雨都吹不倒。鹦鹉可能知道有贵人作画，眼珠一动一转，别提多神气了，完全不把众人放在眼中的样子。官家成画之后，本欲名之曰《杏花鹦鹉图》，可他看着鹦鹉的五彩之色，顿时想到了道教中象征天下五个方位的颜色——青、黄、赤、白、黑，觉得神鸟与此甚搭，于是定名为《五色鹦鹉图》。作画似乎还不能满足官家的喜爱之情，于是又在画侧作了一首《咏鹦鹉》的诗及画序。自此，全画完成。”

众人随着老者的讲述，似乎目睹了画中的神鸟之姿，皆端坐桌边久久不动。老者见此，合上折扇，手持醒目“啪”的一声，不好意思地笑道：“诸位，今日到此结束，别忘了可怜老翁，给点赏钱。”众人思绪一下被拉了回来，纷纷走上前，将赏钱置于老翁茶台之上。茶楼很快便“人走茶凉”……

注：《五色鹦鹉图》是宋徽宗绘制的一幅绢本设色画，纵 53.3 厘米，横 125 厘米，现藏于美国波士顿美术馆。

赵伯驹
南迁后的绘画大师

《江山秋色图》 一画观家国河山，一驴知宋朝交通

宋太祖赵匡胤的七世孙中，有一位是著名画家，名叫赵伯驹。他随宋朝宗室经历战乱烽火后向南方迁移，后来被江浙地区的秀

丽风光吸引，便一直居住在钱塘（今浙江杭州）一带。宋朝皇室遗传下来的艺术细胞非常强大，赵伯驹绘画上的天赋在南宋时期很快便崭露头角。山川河流、楼台树石、禽鸟花草在他笔下皆刻画得细致入微，他尤善青绿山水画作。赵伯驹师承唐朝书画大家李思训

的绘画技巧，又将北宋时期独特的水墨山水画的手法融合其中，因此，在宋朝绘画历史上可谓独树一帜。我们且缓缓打开这幅《江山秋色图》……

淡青色的天空在深秋的季节显得格外高远，红日高悬天际，光芒不时洒向大地，甚是温和，如此秋高气爽的季节最适合登山野游了。苍青色的树木密密麻麻，盘旋在山脚之下，叶子零落一片，枯黄的叶面上有一层晶莹的白，许是昨夜打过霜留下的痕迹。远处的河流缓缓地流经树木山石之间，空荡的山涧中，不断回响着泉水的“叮咚”声，清脆悦耳，听着让人心情格外舒畅。

窸窣的脚步声一深一浅地传来，三三两两的行者在山野间漫步。他们大口大口地喘着气，许是累了，有人便在一处浓密的松树荫下打坐歇息。用来赶路的几匹青黑色的毛驴，在不高处的山坡上吃着干枯的野草。远处有一位骑着奔马前行之人，他头戴黑纱斗笠，一股不俗的气韵从身上散出。树下行者背负的小小包袱中塞满了酥饼点心，取出咬上一口，旅途的劳累顷刻间烟消云散，再从腰间扯下一酒葫芦，喝上一口，醇香的气息蔓延在唇齿之间，酣畅极了！行者吃喝之时还没忘记欣赏景色，抬头远远望去，是连绵的雄壮山川。

数座山峰奇秀险峻，浓云环绕在山顶处，像极了通往仙界神宫的入口。莫不是山顶处真的住着仙家众神，不然云雾为何如此萦萦绕绕而不散去？山川高低不一，座座相连，一层盖着一层，一峰挡着一峰，直至伸向江流消失的地方。一缕浓烟正缓缓地在空中飘荡，浓烟飘起的地方原来是几户农家。栽种着青竹的林荫小道上，过往的农人背着刚砍的柴火，相互亲切低语，他们的脸上写满了朴实与幸福。

河水宽阔的地方，船夫正在卖力地摇橹前行。小巧的船只摇摇晃晃来到了河水的最深处，船夫手拿补过的渔网奋力一撒，不一会儿便有许多肥鱼进入网中，船夫的脸上一抹喜悦悄悄划过。行者已经酒足饭饱，迅速收拾好包袱，沿着曲折的山路继续走向山高云深之处……

游览名山大川一度成为宋朝时期文人儒士们解放自我的一种方式，说起这旅游，必是少不了交通工具的大力支持。古代交通工具中最常见的是马和船。马是陆路交通中的典型代表，然而，宋朝立国时未能收回北方的燕云十六州，失去了重要的马匹来源地，加之与周边少数民族政权摩擦不断，边境贸易换来的马匹大都奔赴战场，昔日比较普通的马在这个时期已经变成了珍稀物品。而它的稀少也使其价位比较高昂，普通百姓难以获得。《江山秋色图》中，就恰恰反映出了这一现象，拉送货物的车辆，田间耕地的家畜，所用到的大多是毛驴。毛驴较之于马，体型偏小、耳朵偏长、四肢瘦弱、身躯短小，毛色大多以灰褐色为主。

驴因此成为宋朝百姓生活中离不开的家畜之一，宋太祖赵匡胤更是因为驴曾保护过其弟赵光义而视它为吉祥物。因此，宋朝时期的养驴业之繁荣是前朝所不能比的。爱骑驴的宋朝名人数不胜数，如变法失败后被罢相的王安石、被贬多次的苏轼、爱国诗人陆游……“金戈铁马”对于宋人来说似乎太过遥远。

船是水路交通中最常见到的，宋朝的水上交通非常繁忙。当时，朝廷财政收入的很大一部分来源是水上贸易的税收。随着水路交通

的发达，宋朝船只的种类也开始多了起来，有平底船、方浅船、无缝船等。而《江山秋色图》中，我们可以看到的是最普通的一种生活型船只——渔船。“民以食为天”，渔船虽然简单朴素，但是带给宋朝百姓的却是生活方面最基本的物质保障。

《江山秋色图》是一幅纵 56.6 厘米，横 323.2 厘米的巨幅，现被故宫博物院收藏。北宋的亡国是赵伯驹无法忘记的惨痛经历，他依然眷恋着故土的大好河山。画作中的江山尽显一片安和之象，可这只不过是赵伯驹心中曾经的家国河山的模样。

全画的绘画手法刚劲隽秀，展现出来的山河辽阔壮丽，美不胜收。山石之姿多用变化多端的长线条勾勒，再加以水墨皴法的趣味。画作本身虽然以重彩充实，但依然掩盖不住线条本身的魅力。这就使山川有了一种稳重之感，河水有了一抹灵秀之美。在结构上采用了传统的“散点透视”技巧，将高远、平远和深远结合在一起，使画作展现出大、奇、多变、有序的效果，开合有度，具有和谐、整体的美感。这大概才是江山本该有的样子。

江山——家国，两者之间早已分不清楚，有国才有家，有国才有江山。这幅《江山秋色图》展现了深秋时节北国山川的壮丽和一片太平、悠闲的景色，但我们还是能从中体味出作者对失去故土的思念之情。

《莲舟新月图》 文人墨客的精神世界

夏日的夜空中弥漫出一股热腾腾的潮湿之气，偶有夜风不时吹过，缓解了一时的闷热。城郊，有一方夏日纳凉的绝佳去处。周敦颐来到这里，于夜色中泛舟湖上。湖岸两侧长满了高大的柳树，萋萋青草铺满岸边的缓坡，皎洁的月光更是映出万事万物的影子。如此朦胧之境倒是别有一番趣味。

碧色的莲叶铺满湖中一隅，莲叶虽然甚是茂盛，但只有少许的粉白莲花点缀在长满小刺的细茎之上，姿态各异，风韵不一。一艘小舟在莲池中央摇摇晃晃。周敦颐卧坐于船篷之中，呈半圆形的轻盈篷幔垂落下来。小书童在船头的篷下安然蜷坐，船的晃动并没有给他带来不适。清风徐徐而来，伴随着阵阵清淡的莲花香气，周敦颐脸上露出了满意的神色。

微微凸出湖面的缓坡上，芷兰临水生长，又高又密。一株柳树立于岸边，枝条都快要伸进湖中了——莫不是也被这幽幽的碧荷吸引过来的？舟畔莲叶碧绿，莲花盛开。此情此景正合周敦颐的那篇《爱莲说》。

水陆草木之花，可爱者甚蕃。晋陶渊明独爱菊。自李唐来，世人甚爱牡丹。予独爱莲之出淤泥而不染，濯清涟而不妖，中通外直，不蔓不枝，香远益清，亭亭净植，可远观而不可亵玩焉。

予谓菊，花之隐逸者也；牡丹，花之富贵者也；莲，花之君子者也。噫！菊之爱，陶后鲜有闻；莲之爱，同予者何人？牡丹之爱，宜乎众矣。

周敦颐，字茂叔，号濂溪，北宋著名的理学家。他一生痴爱莲花，喜其“出淤泥而不染”的高洁品质。传为赵伯驹所作的这幅《莲舟新月图》正是以周敦颐“爱莲”为背景，现藏于辽宁省博物馆。

全画以黑墨细线勾勒出景物之态，然其重点在于画面色彩的晕染上，浓淡有序，艳丽中透着清新。野花、顽石、青苔、芷兰的点缀为画作增添了浓浓的趣味，使观画者不觉间便放松下来。全画用笔细腻紧致，清雅之中含有坚劲的笔工。画中之景并不算多，但飘逸的柳树、高雅的芷兰、朴素的小舟、纯洁的莲花……无一不在铺垫着恬淡娴雅、宁静美好的气氛。这种气氛也刚好渲染着画中人物的沉醉姿态。一切似乎是流动的，又似乎是静止的，人与自然环境和谐地融合在一起。

古人自古爱莲者甚多，与周敦颐一样，大都喜欢它的高洁品质。莲花，别名水芙蓉、荷花，是水生草本花卉，一般盛开于夏季。莲花因为纯洁的品质也被视为佛教的圣物，预示着人将心中邪念尽去，从恶念到善念的转变，最终修行成佛。莲花还含有君子、爱情、友谊、多子多福等的寓意。

宋朝时期，人们对花的喜爱之情极其深厚。吴自牧曾在《梦粱录》中有言："烧香、点茶、挂画、插花，四般闲事，不宜累家。"这四种闲事便是有名的"宋人四艺"。南宋时期，当时最大的花市在临安（今浙江杭州）皇城附近。

宋人插花讲究儒、道、佛三者合一的哲学理念，花被人们赋予了人性化的特征。就如这幅《莲舟新月图》中的莲花，人们常将其与高洁的人格联系在一起。因此，在插花之时，每一种花的背后都有不

同的寓意，而插花之人会将自己想要表达的心情、观念、理想等，都附在这瓶花之上。这种注重内涵、构思、意义的插花形式，被后人称为“理念花”。前朝之时，人们对插花的理解还大多停留在富贵、繁荣的表象上。而到了宋朝，清幽、简疏的插花风格开始被人们追捧，故而在花形的设计上注重以简代繁、线条优美、疏密得当、高低错落。

宋朝插花风靡家家户户，其风格样式繁多。如皇室插花讲究吉祥富贵的气韵；文人儒士插花讲究风雅意趣；富贵之家闺阁女眷的插花讲究清秀高洁；普通百姓插花讲究朴素温馨；佛教徒插花讲究简洁幽寂；而道教弟子插花则讲究仙气神韵。

《洛阳牡丹记》中，文学家欧阳修也记载了宋人爱花之事："洛阳之俗，大抵好花。春时，城中无贵贱皆插花，虽负担者亦然。……大抵洛人家家有花。"江南一带的花朝节更是一场人人参与的国民活动。《梦粱录》中记载："仲春十五为花朝节，浙间风俗，以为春序正中，百花争放之时，最堪游赏。"

花有百态，人间有百态，历史亦有百态。就如同有人爱莲，有人爱菊，有人爱牡丹。这幅《莲舟新月图》在表现莲之"出淤泥而不染"的同时，又充满了人与自然相栖相依的文人意趣，表现了那个时代文人墨客的精神世界。

《仙山楼阁图》 汉武求仙 青鸾入镜

中国的神话传说中有十大神鸟，分别是鲲鹏、朱雀、金乌、凤凰、羽嘉、大鹏、毕方、鬼车、大风、青鸾。其中青鸾又称青鸟，是西王母的坐骑及信使。《山海经·西山经》有言："又西二百二十里，

曰三危之山，三青鸟居之。”青鸾传说由来已久，据说它美丽优雅，神姿忧伤，因此，古代文人常常将其写入诗歌或是绘于画作之上。这不，传为南宋著名画家赵伯驹所绘作的这幅《仙山楼阁图》中就出现了神鸟青鸾的神姿……

缠缠绵绵的薄雾没有盖住皎月的光华，莹白色的光芒拂过山川树木、亭台楼阁。较近一些的山川被绿树披盖，远处的山则高得可怕，于云间矗立，想要爬上去，是绝不可能的。叮咚的流水声时大时小，许是浪花一会儿碰到了窄的石缝，一会儿又流到了宽敞的石涧中。随着流水的声音向着山涧望去，一切似梦境一般。

就在这仙气缭绕的青山绿水之间，一座朱红色的宫殿格外耀眼，宫殿之中，灯火通明，一众宫娥侍从一一排开，齐跪于地面。众人轻低头颅，身姿端正，双手搁在腹部，安静极了！殿内正中央的地方，一尊青铜色的炉鼎中，青灰色的烟雾从顶处飘散出来，萦绕在整座宫殿之中。宫殿的两侧，一列列金色的蒲团摆放整齐，花、茶、果盘等，安放于蒲团前面的金色桌案旁。汉武帝双眼紧闭，一脸肃穆，跪在炉鼎的正前方，不知他在沉思何事。

“咚咚咚”，山川之中骤然传来铜钟的轰鸣之声。汉武帝倏地睁开双眼，迅速朝殿门口走去。只见皎月不远处，青鸾振翅高飞，高洁优雅。仙女董双成安坐于青鸾之背，她乌发高挽，一身淡粉色的衣裙，一抹长长的青色披帛绕在云雾之中。她圣洁如月，星眉秀颜，甚是好看。青鸾飞于宫殿上方，董双成以婀娜轻姿缓缓而下，对着汉武帝微微颔首道："陛下，茶话会可准备好了？西池王母一会儿就要到了。"汉武帝笑意满满："仙姑放心，一切都已备好，静候王母大驾。"

云雾若隐若现处，似有其他仙人乘着坐骑而来，也在莹光满满的空中等着西池王母的到来……

"汉武求仙意恳哉，琼楼珠户夜明开。双成骑得青鸾降，应报西池王母来。"这首《仙山楼阁图》中的题诗，乃是清朝乾隆皇帝所作，他将此画之意境含蓄地表达出来。雄才大略的汉武帝在开疆拓土、建功立业之外，痴迷于寻仙问道，渴望长生不老。这幅《仙山楼阁图》描绘的便是汉武帝向西池王母求仙问道的传说故事。

《仙山楼阁图》现藏于辽宁省博物馆，全画以青绿两色为主，描绘出"仙山"该有的缥缈之姿。山川时高时矮、时陡时缓，连绵不尽。黑色的细墨线条勾勒出山川万物的形态，青绿二色交叉晕染，以作草木植被茂盛之状。"界画法"刻画出了楼台宫阙的华美壮丽。楼阁并不是一一排开，而是随着山川的起伏高低错落，这就为画作增添美感的同时，给人一种立体真实的感觉。画作尺幅明明很小，可画中之境却深远广大。全画色彩艳美，装饰意味浓厚，格调富丽。云雾晕染或浓或淡，缥缈之感因此而生。青鸾仙子轻轻盈盈中便有了仙家神韵。

《仙山楼阁图》虽是以汉武帝时期的传说为背景绘作的，但求

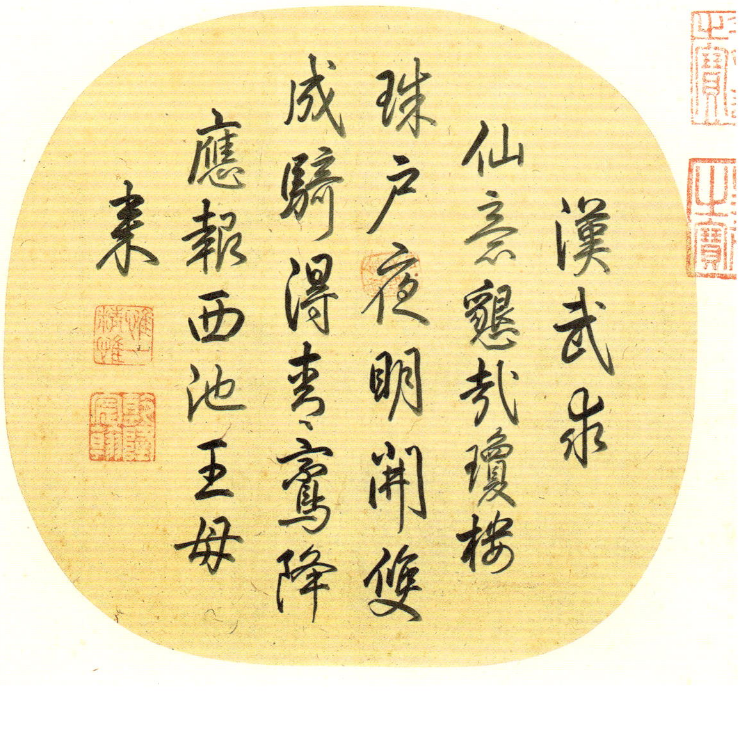
漢武求
仙意懇哉瓊樓
珠户夜明開便
成騎得青鸞降
應報西池王母
來

仙问道似乎一直是历朝历代避免不了的话题。上至帝王将相，下至平民百姓，“崇仙”这一观念在各阶层普遍流行，并逐渐深入普通百姓生活中。如宋朝时期，因神鸟青鸾姿态优美，宋人铜镜的背面便 常以青鸾形象作装饰。

镜，又称为“鉴”。“鉴可取水于明月，因见其可以照行，故用以为镜。”早先的镜子多为石镜、瓦镜及粗制的铜镜。到了宋朝时期，生产技术发展迅速，铜镜的制作工艺已经非常娴熟，照人照物皆清晰可见。而在铜镜的样式、图形设计上也花样百出。据说花卉镜、龙纹镜、禽鸟纹镜、神仙人物故事镜、八卦镜等都曾在宋朝流行一时。然宋人为避皇室名讳，皆言“铜镜”为“铜照”或“铜鉴”。宋徽宗时期，因为对花鸟异兽的追捧，致使花卉镜最受欢迎。镜面的纹路图案多以株花枝叶缠绕的形象进行设计。

“青鸾”入镜只是宋朝铜镜丰富纹饰题材中的一种，但它既是宋朝道教盛行的见证，也是宋朝自然、含蓄审美趣味的体现。

《汉宫图》 宋画中的精美建筑

“乞手巧，乞貌巧。乞心通，乞颜容。乞我爹娘千百岁，乞我姊妹千万年。”一首《乞巧歌》透过层层云雾缓缓飘来，声音时高时低。

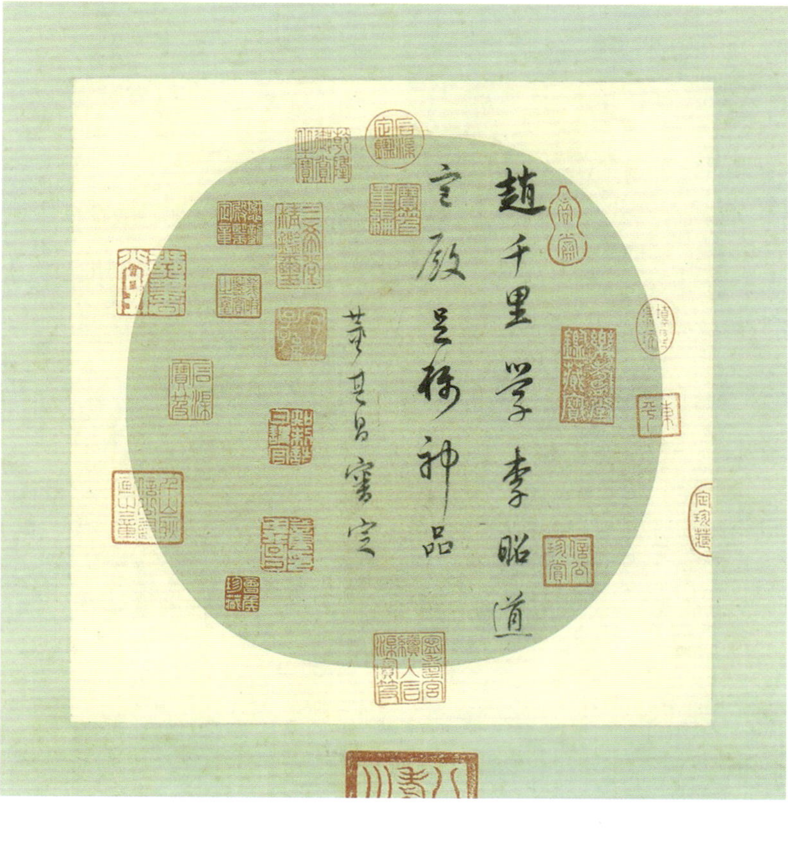
趙千里學李昭道
宮殿足稱神品
董其昌審定

赵伯驹不由顺着乐曲飘来的方向望去。一座灯火辉煌、热闹非凡的汉宫映入眼帘……

远山的墨色在云雾之中时隐时现，苍青色的树木棵棵高大挺拔，茂盛的枝叶浓绿极了！流水藏在难以被人发现的山涧中叮咚作响，其间水雾升腾而起，为这神仙之所更添一抹缥缈之感。楼阙一层一层地排列开来，座座恢宏高大，灯火通明。碧青色的砖瓦之下，及地的门窗一一敞开，室内金色的桌椅甚是耀眼。朱红色的粗大柱子直直地顶住飞腾的屋梁，梁下五彩缤纷的帷幔，高高挂起。一口金色的香炉置放于门中央，甚是引人注目。远远观去，并不能看清宫殿之内的情景。二层楼阁上烛光闪烁，相较于一楼的喧闹，此处似乎格外安静。楼边的碧树长得巨大，甚至超过了楼顶。赵伯驹暗暗感叹："仙家之树果然非比寻常！"

云散天晴，灿烂的阳光射在了院中最高的楼台之上。院中特意雕琢的假山挡住了楼台的一角，高树遮住了高楼璀璨的光华。但轻轻一瞥间，目光就会被这座楼台的恢宏吸引过来。微微翘起的檐角指向远山的方向。赵伯驹不由得感叹："哇！真是太雄伟了！"刚刚言罢，赵伯驹赶紧轻捂嘴巴，似是害怕惊动了院中之人。

"当、当、当"，撞钟的声音洪亮清朗，一幅幅白色的步幛沿着路面有序地一一张开，像是一堵崭新的白色墙壁。只见步幛前一排排身着五彩衣裳的宫娥女眷，迈着轻盈的碎步缓缓走来，宛如一道赏心悦目的彩虹。宫娥手中似乎皆拿着珍贵物品，赵伯驹擦了擦眼睛，想要挨个看清她们的手中之物。突然，赵伯驹想到了什么，露出一丝微笑。原来今日是乞巧节，宫娥手中拿着的应是她们精心准备的女红小物件，刚才的高楼大概就是穿针楼，宫娥女眷们许是想在当天登楼乞巧，一吐心愿。

浩荡的宫娥队伍簇拥着一位衣着雍容华贵、气韵不凡的妇人，宽大的仪仗扇盖住了妇人秀美的容颜。她身后紧紧跟随的宫娥，手中执着一些闪闪发光的金银法器，队伍长得看不到头，想必今日的乞巧节活动不会很快结束。“嘶嘶”，步幛外面被车辕束缚的马匹不停喘气，金贵的车轿静静地排列着，寻常百姓的牛羊车驾则被拦在步幛外的空地上，一切似乎都在等待着节日庆典的结束……

“咚”的一声，伏在桌案边的赵伯驹惊醒了过来，地上掉落的是刚刚绘完的径长 24.5 厘米的扇形设色画——《汉宫图》。

《汉宫图》较于宋朝其他的绘画作品，在绘画方式和结构上较为特别。全画用“界画法”将宫殿、楼台以界尺为工具绘制而成。界画法起源很早，具体时间已经不得而知。它以界尺为辅助绘制景物的引线，这些景物多是亭台楼阁等建筑物。建筑是一个时代飞速发展的最好证据。宋朝时期，房屋楼台的建筑风格虽然没有了前朝建筑雄伟浑厚的恢宏气派，整体看上去显得秀丽纤柔。在房屋的布局设计及修饰上，宋人的心思还真是与众不同。

宋朝的房屋建筑一般大同小异。院中房屋楼阁层层铺陈，弯弯绕绕，一般前为厅堂，后乃寝殿，耳房与偏院分别在院中两侧，房与房之间是曲折相连的回廊栏台。厅堂乃是会客及议事之处，寝殿就是休息睡觉的地方。古代的寝殿是比较私密的场所，外人不可以随意进出。宋人在建造房屋时，有条件的人家都会专门将园林考虑其中，无论大小，园林已经成为宋朝建筑必不可少的组成部分。

宋朝建筑，看其外观，大多内敛朴素，可一旦进入室内却别有洞天。宋人在对室内部分细节的雕琢加工上要求格外严苛，这可能与宋朝美学的繁荣发展紧密相关。美被宋人运用到了极致，一扇门、一面窗、一围栏、一屋檐……上面的纹路线脚、花案图形似乎都经过了深思熟虑，颜色的涂抹更是一层叠一层地晕染。高低错落的房屋楼台、合理利用的院中空间，乃至深浅适宜的装饰图纹色彩，无不彰显着宋代建筑极高的艺术价值。

《汉宫图》虽然是以描绘汉宫皇室乞巧祈福为主，但是画中亭台楼阁的结构、房屋之中的装饰设计、庭院中山水花草的布局，展现出来的皆是宋代建筑中独有的特点。层层濡染的山川流云与院中堆叠的假山碧树融合在一起，画法纯熟，用笔、用色皆精谨写实，这也就显示出画家绘画上的功力及用心。画作之中，小巧铺列的宫娥女眷已然衬托出宫殿院落的高大堂皇。我们再细细观察宫娥女眷的姿态，神色各异，婀娜动人，画面的活泼感就有了。人物造型身材修长，是宋朝画家描绘人物的典型风格。

这幅现收藏于台北故宫博物院的执扇形小巧画作，诉说着千年以前乞巧节的故事。今日的少女们是否也有心愿想向天上的织女星娓娓道来？

赵伯骕
宗室中的绘画天才

《万松金阙图》 为何两宋时期的皇城规模偏小

公元 960 年，陈桥兵变爆发，宋州（今河南商丘）归德军节度使赵匡胤被拥立为帝，宋朝自此建立。赵宋王朝以汴梁为都城。汴

梁地处中原腹地，土地肥沃，且水路运输便利，是南北水陆交通的中心地带。因此，宋太祖赵匡胤便将汴梁作为北宋的都城。

秦朝时期的阿房宫、汉朝时期的建章宫、唐朝时期的大明宫……这些富丽堂皇的宫殿皆是一个朝代的见证。到了北宋时期，汴梁城中的皇城是有史以来规模最小的一座，皇宫内殿宇不是很多，后宫的规制也不大。这是因为宋朝经济不够繁荣，汴梁城不够发达吗？

北宋时期，汴梁人口在鼎盛时达 150 余万，是当时世界上人口最多的一个城市。城中屋宇鳞次栉比，街巷中店铺林立，处处可见酒楼、饭馆、茶坊、绸缎庄……一派繁华景象。人口的密集，经济的飞速发展，致使人们消费水平不断提高，也直接导致汴梁城中房价的急剧上涨。北宋建隆三年（962），朝廷历时四年，对沿袭于五代时期的皇城进行了一系列的扩建。扩建后的皇城东西宽约 1050 米，南北长约 1090 米，占地面积约 1.14 平方千米。其面积虽不及汉唐时期的皇城，但较之以前更加雄伟壮观，奢侈豪华。

皇城建设是一件花销巨大的事情，扩建则需要拆迁众多民房。而高涨的房价使拆迁成本过高，朝廷国库入不敷出。刚刚稳固的北宋朝廷，不得已停止了继续扩建宫城的计划。

1127 年，“靖康之变”爆发之后，宋高宗赵构携皇眷宗室一路向南，最终在临安（今浙江杭州）建立都城，史称南宋。起初，临安皇城比较狭小，宫殿规制简朴。惊魂未定的皇上下令，只造屋二百间，限红白两色，力求朴素。可皇室怎能忍受这样的朴素啊！十多年以后，位于凤凰山中的宫殿已是富丽堂皇。

这幅由赵伯骕绘作的《万松金阙图》，纵 27.7 厘米，横 136 厘米，现藏于故宫博物院。此画正是以南宋临安皇城附近的凤凰山为背景绘制的。想要感受临安皇城周边环境之美吗，那就跟我一起走进画中吧。

临安凤凰山一带的风景是极美的！湖水轻轻拍打着长长的坡岸，一轮红日透出娇艳的光芒，晴空中霞光轻抹，五彩缤纷。山巅蜿蜒，松树茂密，不远的地方，有一架木桥在沟渠之中安然静卧。对岸的松树旁，玉粉色的桃花熙熙攘攘，开得热闹极了！

红日映照山川，使山坡上的苔草变成了金绿色。远远望去，山虽然不算陡，但是看不到边际。一层水雾在空气中飘荡，一切变得迷茫起来。远山太过朦胧，只能隐约看出淡淡的轮廓。山顶处，高大的树木露出尖挺的脑袋，似乎也想看清这边的风景。惊起的翔鹤，鸣声不断，一前一后飞向雾色蒙蒙的山中，过了一会儿，再次环转回来，它们洁白的羽毛在日光之中闪闪发亮，甚是好看。

山谷之中，隐隐约约传出了歌舞的清雅之调。顺着声音寻去，皇城宫殿的一角从山谷中冒出。金色的琉璃瓦与日光一同争辉，互不退让。朱红色的高墙在幽幽秾秾的山林中格外耀眼，琼楼金阙隐约可见，皇城宫殿正掩映在这万松之中。只是山谷中的雾气迷蒙了双眼，只感觉这皇城绵延不绝，一墙连着一墙。宋高宗赵构许是在喝酒听曲，似是仙家之乐绵

长悠扬，响彻山谷的上空。酒绝对是好酒，不然这股醇香之气怎么会引来仙鹤于宫殿上方久久徘徊，不肯离去？

《万松金阙图》中“万松”是指万松岭，“金阙”则是指皇帝赵构的宫殿。偏安一隅，内忧外患，南宋建立初期政局尚不稳定，临安皇城只是在行宫的基础上改建的。它东起凤山门，西临凤凰山，南接笤帚湾，北靠万松岭，东西长 1093 米，南北长 698 米。皇城之中大小宫殿、阁楼等共有 130 余座，这相对于前朝来说，规模根本不值一提。

行宫是帝王出行时才住的地方，其规模在皇室宫殿中品阶较低。可以想象，这座仓促改建的皇城算不得金碧辉煌，甚至还有些朴素狭小。南宋绍兴十一年（1141），宋金议和，局势开始缓和起来。皇室开始考虑皇城扩建之事，并有意将皇城附近的僧舍寺庙拆建为皇城用地。但宋高宗赵构对拆迁扩建之事非常敏感，很大的原因在于大多数官员对帝王无节制大兴土木的举动甚是反感。“靖康之耻”犹在昨日，赵构已经无心也无力与民争地，耗费大量钱财在扩建皇城之上。这样的观念及顾虑一直伴随着南宋的历代国君，临安皇城也就未进行过大幅度的扩建。

但好在临安皇城的风景非常秀美，紧紧相邻的山川湖泊就如同皇家后花园一般，赏游起来十分便利。山中气候宜人，夏季绿林幽幽可以避暑，冬日周山环绕，寒气并不易靠近。站在高大的亭台楼阁处更是可以尽情欣赏山色美景。《万松金阙图》中所展现的正是这番雄浑清秀的自然风光。

赵伯骕绘画追求自然韵味，画作格调朴实高雅，运笔尽显精细繁复。画中之树与宋朝惯用的技巧完全不同，成片的黑色墨点或横或纵，营造出山中绿树成荫的茂盛之态。细笔勾勒出了万物之象，层次分明的晕染方式看似随意，实则考验着画家着色时的技巧。宫殿并未大幅度地展现，只露一角足矣。一可展现出凤凰山一带秀美的自然风光；二能将湖畔松岭的宽广之态绘于有限的画作之中；三则以群山环绕，琼楼金阙隐约其间，表现宫殿的深远。画作近景是一种浑厚浓重的感觉，而远景则是茫然清雅之姿。高低错落、远近迥然，总体观之，深厚凝重，透视感较强。这样的绘画方式既包含了传统的手法，又极富创新的理念。

可惜的是，临安皇城在后来的大火之中焚毁殆尽。只有这幅赵伯骕的《万松金阙图》留下了皇城的匆匆一瞥。

《番骑猎归图》 万箭齐发，区区野羊拿命来

今日天气甚是晴朗，赵伯骕便约上一众好友前往郊外的丛林中狩猎。眼见猎物就在眼前，赵伯骕正欲张弓搭箭。“嗖”的一声，不知从哪里射出一支冷箭，灰棕色羚羊应声倒地。眼看猎物即将到手，却被别人捡了漏，赵伯骕心中不免有些不快。众人正四处张望，寻找这位搅局者。突然，树林里传来一声呼喊：“朋友、朋友，我不是有意的。”赵伯骕定睛一看，一位契丹族打扮的人骑着一匹棕色马飞驰而来。不一会儿，他就策马奔到了众人面前。

“箭是你射的？”

“是的，朋友，可我不是有意的。”

“我们追了半天的猎物，说成你的就成你的了，我竟不知世间还有此等道理！”

“朋友，你误会了。我是契丹遗民，来贵地经商，听人说郊区有一片繁林于狩猎最为适合，今早便来此处了。奈何鄙人运气不佳，一直毫无收获。直到刚才隐约间看见一只羚羊，情急之下射出此箭，不承想真的射中了。鄙人是真的没有看到你们在追此猎物，真是十分抱歉。”

赵伯骕没有说话，仔仔细细打量着这位契丹人。只见他身高七尺有余，身材甚是强壮，头戴一顶棕色的圆边狐皮帽，头发梳成与宋人完全不同的两股小辫，并将其紧紧盘起。身上穿着一件乳白色及膝左衽窄袖裘皮袍服，边缘处是金棕色的狐毛，后腰则被一张厚重的白色蓝边捍腰包裹着，外系革带。白色的碎花墩袜裤被扎在两只黑色尖头长靴中，外袍的裙摆处赫然露出一截褶皱不平的里衣，蹀躞带上系着游猎时的用具。这位契丹人身上散发出一股威凛之气。

契丹人见赵伯骕仔细地打量着自己，并没有任何反感之色，开始整理起膀上弓箭。林中阵风突起，契丹人腰间的坠物叮咚作响，似是壶中酒水的碰撞之音，也有金属刀具的轻微摩擦声。

“想来你必不是故意为之，既然是无心之举，则无过错。我们不打不相识，权当一番见面礼吧！羚羊你拿走便是。”赵伯骕放松了刚才紧张的情绪，坦然说道。

“既然如此，那我就收下了，朋友你的这份情谊我也记下了。我虽是外邦之人，但是最敬重有情义的勇士，来日如有缘分必还朋友这份情谊。”契丹人十分感动，想必这陌生人的情谊使他想到了遥远的故乡吧！

“吾等还要继续狩猎，就恕不奉陪了，告辞！”随着马蹄的哒哒之声，赵伯骕等人消失在树林之中。

契丹人目送着众人策马远去，回身慢慢将羚羊身上的箭拔出，把猎物随手放在了马背之上。接着，契丹人轻侧脑袋，眯起一只眼睛，仔细地检查羽箭是否弯曲，然后将其归整到肩上的箭囊中。棕马耷拉着无精打采的脑袋，鬃毛垂向脖颈两侧，尾巴轻轻悠悠地荡着。它今天许是累极了。契丹人无奈地牵起疲惫的棕马，向着树林入口处走去……

《番骑猎归图》是南宋赵伯骕绘作的一幅纸本设色画。全画纵22.1 厘米，横 24.9 厘米，现藏于故宫博物院。该画作是赵伯骕所有画作中的一个亮点，它一改画家往日青山碧水的绘画题材，而是描绘了一位番人狩猎归来的情景，并在此作中糅进了南宋文人独特的气韵。画作之中只有一人一马，可是马匹无精打采的形象，以及番人轻松又疲惫地整理弓箭的样子，已经给足了观者无限的想象空间。马匹和主人许是刚刚经历了一场激烈的追逐猎射，而马背上的猎物——羚羊就是最好的证明。

全画运笔整齐细腻，很多细节上的晕染恰到好处。特别是对于番人服饰上的刻画，可谓是精致细密。动物的皮毛，厚重的裘衣、长靴都在表明着番人来自遥远严寒的契丹一族。契丹族是我国古代东北地区的游牧民族，那里严冬之季特别漫长，故他们世世代代皆以牧猎为生，族人个个善于骑射。“契丹铁骑”的名声曾在唐宋时期非常响亮，这个以骑射征战天下的民族对弓箭尤为喜爱，甚至在很多契丹人的墓葬之中都会出现弓箭这样的陪葬品。

弓箭是古代战争中不可缺少的重要武器。宋朝时期，随着经济技术的发展，以及内忧外患带来的双重压力，宋人在弓箭技术上有

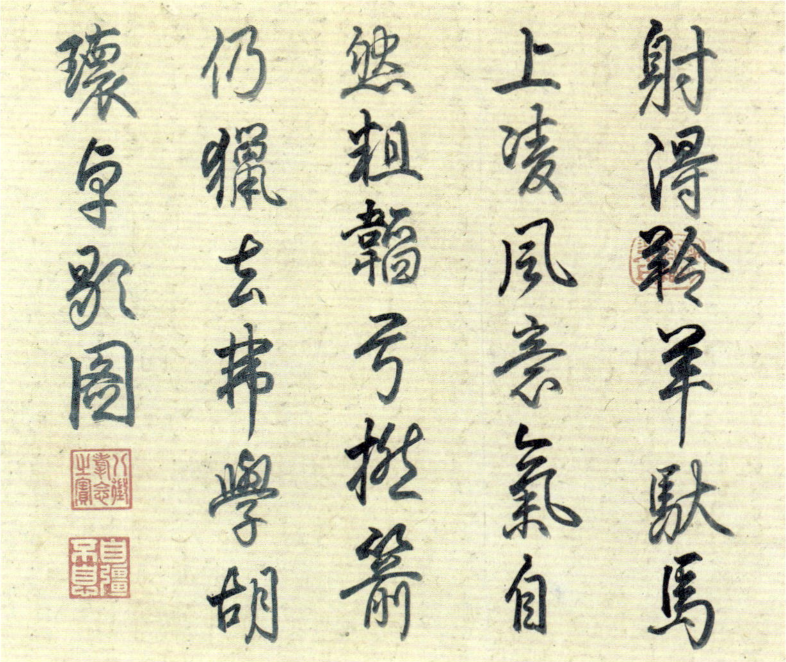

了很大的突破。南宋华岳曾云："军器三十有六，而弓为称首；武艺一十有八，而弓为第一。"弓箭成了战争必备的首选武器。弓和箭是不可分割的，挽弓的力度越大，箭的射程就越远，对敌人的杀伤力就越强。因此，宋朝时期，弓箭考试常常成为选拔优秀士兵的重要标准。

宋朝时期弓的种类极多，有神劲弓、黑漆弓、截弭弓、水角弓、克敌弓，等等。宋代将士用的所有弓之中，最令人惊艳的就是神臂弓。据说，其射程 340 余步，约合现在 520 米，凡射胡人铁骑，一箭即可贯穿盔甲，可见神臂弓的威力确实十分强大。

宋朝时期的箭也有很多种类，值得一提的有木羽箭、风羽箭、点钢箭。

北宋咸平元年（998）六月，一个叫石归宋的人献木羽弩箭于宋真宗。此种箭重量极轻，射程却很远，能穿盔甲，能透树干，且它是一种倒刺箭，一旦射进身体之内，便很难拔出。木羽箭的杀伤力远远超过了当时其他的箭种。

风羽箭在宋朝作战史上并不算常用之箭，此箭箭尾处并没有箭羽，只有三道空槽，利用向内凹进的空槽产生涡流阻力，使箭保持飞行平稳，从而加大了箭的射程，也适合于不利天气条件下的作战。

点钢箭的箭头是用精铁奇钢炼制而成，箭头小巧尖锐，尤为锋利。此箭用来对付身穿软甲战服的敌人再合适不过了。

弓箭在中国历史上的由来十分久远，它带给人们最深的记忆就是战争。宋朝时期因技术上的发达，曾经制作出很多精密武器及坚固盔甲用于行军作战。然而，这些先进的武器并不能挽救国家最终走向灭亡的命运。

仙樂亀兹部
太極丹華金童
珠林淨光玉女
洞空無相金童

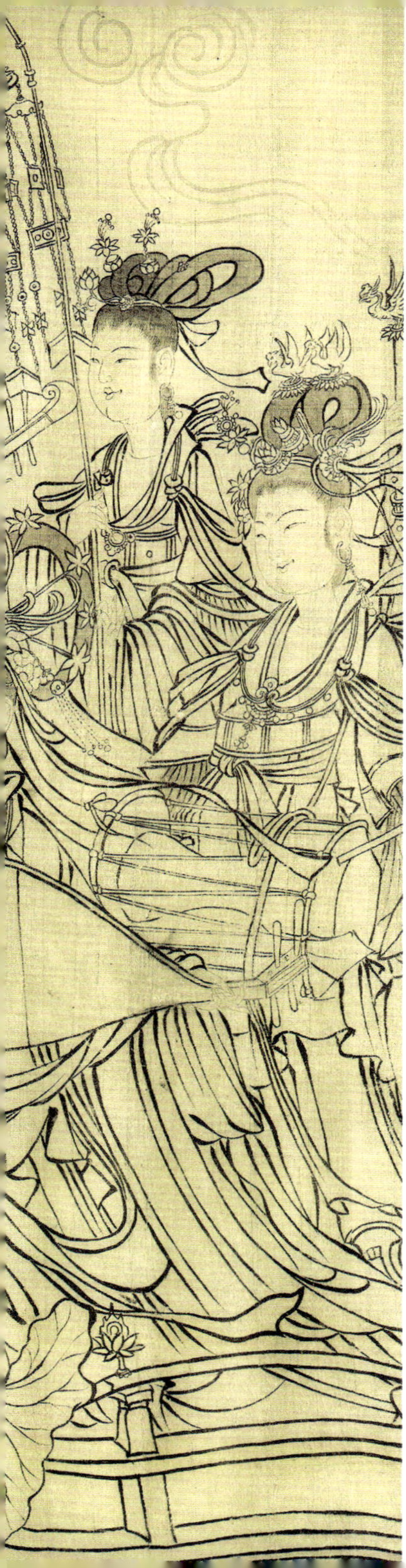

武宗元
白描大师

《朝元仙仗图》 神仙的专职“摄影师”

宗元任职 仙君入梦

北宋大中祥符二年(1009)，宋真宗开始主持修建道教圣地“玉清昭应宫”，历时七年建成。然后召令天下画师三千余人一同赴京共比画艺高低。最终挑选出百余人，宋真宗将其分为左、右二部，其中白描大师武宗元任左部之长。

一切似乎都是命中注定。子夜时分，武宗元睡意绵绵中似听到有人一直在耳边呼喊：“武大师，武大师……”他双眼微微睁开，恍惚间看见一位

身穿莹白色仙衣的仙君立于床侧，脸上带着笑意。武宗元猛地惊醒，睡意全无。“你是何人？在此作甚？”

“武大师莫怕，我乃天宫玉帝座下仙官，今日贸然来此惊扰武大师，是奉玉帝之命，有要事告知。”

“玉帝有何要事，竟会告知于我？”

“明日乃神界元始天尊出关之日。天尊一直忧心三界众生，此次闭关修行是为了参透万物奥妙。天尊闭关已有上万年之久，这次终得出关，天界众神皆会前去朝拜。此次盛会实属难得，天帝望你可将此景绘入画作之中，以供凡人瞻仰。”

“如此重要之事，天地间

画师千人之多，为何偏偏选中了我？”

“武大师不必谦虚，观之人间画界，大师白描技艺无人能及。白描绘画最是真实，无彩无色便是有彩有色。众生心境不同，观之自然收获亦不同，这便是画的本意了。”

“万人观画则会生出万般心境，无色便是有色。听仙君一席话，茅塞顿开。好，可明日我将如何一览神界朝拜盛况？”

“大师明晚尽管入睡，届时我自会带大师入境。”

……

昆仑山上 众神朝谒

肃穆雄伟的昆仑山顶峰之处，缥缈的白色仙气层层

环绕，一眼望不到边。仙鹤身披晶莹的白羽，与闪着耀眼星火的赤色丹鸟在山顶的上空飞舞，一唱一和。太阳看起来真是近极了，彩色的云霞一一铺开。远远望去，闪闪发光的流水在昆仑山的一侧倾泻而下，山中的仙树、仙草竟也生出美妙的摇曳之姿。一切真是美不胜收。

“当、当、当”，仙钟鸣响三声，怕是众神将缓缓而至。武宗元隐其身体，飘至昆仑山侧，静静地等待着即将开场的众神朝谒盛会。

一曲飘逸悠扬的仙乐袅袅传来，仙气逐渐散开。山门之处竟然升起一架典雅的回廊花桥，一直伸向缥缈的云雾之中。不一会儿，四位高大的武神身披金黄铠甲、手持宝剑，威风凛凛地行进在队伍的最前列。他们双目圆睁，环顾着花桥四周的情况。武神的身后，一众仙子轻盈地摆动着婀娜的身姿，徐徐迂回在花桥之上。仙子们身穿飘逸的华服，乌发高挽，戴着珠光步摇，眼如秋波潋滟，眉似远山，个个体态窈窕。霞光给她们身着的仙衣染上了一层圣洁的光辉，精美飘逸的裙摆随风浮动，在云雾中若隐若现。她们有的手擎五彩幡旗华盖，有的手端蟠桃美食，有的持着金贵宝物，个个神情端庄优雅。

武宗元一时间看呆了，觉得甚是不可思议。他揉了揉双眼，继续循眼望去，只见众仙之中，有三位神尊格外引人注目。走在最前面的是

东华天帝君，他一副唯我独尊的气势，仿佛轻描淡写间便可呼风唤雨、搅动天地。一圈金色圆光从东华天帝君的身后自然射出，灿烂的光芒使周边姣美的仙子都黯然失色。其头上的一顶金色通天冠看起来格外沉重，冠顶处的七颗宝珠一一排列，耀眼极了！东华天帝君一手轻轻置放于身侧仙娥举起的手臂上，一手执道教手印，显得雍容闲雅。

一众乐仙不时弹奏出洋洋盈耳的仙乐。她们神采飞扬，笑意连连，簇拥着一脸肃穆的南极天帝君，飘然而至。南极天帝君头上亦戴着耀眼的七珠通天冠，身后金色的圆光与冠顶的宝珠互相争辉，引来不远处的空洞灵光玉女等多位仙子频频回头，露出一脸艳羡崇敬的神色。南极天帝君双手置于胸前衣袖之中，皎洁的玉板被他紧紧斜握着，似是有要事启奏元始天尊。

扶桑大帝手执麈尾，不紧不慢地走在诸位仙人后面。他今日穿得格外素净，一身素衣素冠倒显得有些与众不同。扶桑大帝的身后，数位仙君紧紧跟随，他们风姿翩翩，神色各异。勇猛严肃的甲卒、金刚、神王，以及力士四位武神为庞大队伍殿后。随着“轰隆”一声巨响，昆仑山的山门缓缓打开了。武宗元一时间眼花缭乱，还未来得及看清最后一位力士的神容，就瞬间感觉身体急急下坠，梦竟醒了。

朝元仙仗 画中重现

武宗元梦入仙境。清醒之后，便日日于玉清昭应宫中，衣不解带、茶饭不思，一心扑在《朝元仙仗图》的绘画创作之中。

武宗元为使画作展现出神圣平和的气韵，便从构图、人物排列、线条形式上进行了深入的思考，最终以“铁线描”“高古游丝描”等绘作手法再现了朝元仙仗中众仙的圣洁形象。画作的画面感十足，人物的形象、华丽服饰、繁复的衣褶，都被武宗元以不同手法勾勒。武宗元对线条的要求非常高。如人物面部的勾勒相对丰富多变；头发上的线条则十分柔和细腻；而服饰上的线条比较纤长，长垂流畅，有的一根线条竟有几米之长。全图线条遒劲明快，人物形象生动，神采飞扬。画面中人物众多，却安排得参差有致，有条不紊。全图虽无设色，却让人觉得满纸流光溢彩。

不知过了多久，武宗元终于绘成了《朝元仙仗图》。看着画作之中飘飘欲飞的众仙，他们神色迥然，姿态万千，正款款而来，武宗元骄傲地大笑起来，突然，他收紧眼光，急急盯着画作末端，心中不由得想起自己并未看清最后一位武神力士之容。因此，八十八位神仙只绘了八十七人。武宗元心口猛然一缩，懊悔不已。

“众生心境不同，观之自然收获亦不同”，梦中仙君的话不断在武宗元耳边响起。他的眼睛逐渐变得明朗起来，心中别有感慨：“不错，自己何尝不是这芸芸众生中的一员呢？我绘的就是我观到的，有遗憾才会有收获。”心中晴朗之后，武宗元看着自己绘作的这幅纵 44.3 厘米，横 580 厘米的《朝元仙仗图》，再次大笑起来……

梁楷
可爱的梁疯子

《泼墨仙人图》“简笔画”中的禅宗

佛教，又称释教，公元前 5 世纪前后由释迦牟尼创建。教内主张“众生平等，皆可成佛”的理念，同时宣扬因果循环，轮回转世。唐朝贞观三年（629），高僧玄奘前去西方求佛取经，历经 17 年之久。玄奘大师游历 100 多国，行程 5 万余里，将佛教经典带回唐朝。至此，佛教在中国得以迅速发展，进入鼎盛时期。随着帝王及百姓对佛教的大力拥护，佛教逐渐发展为“性、相、台、贤、禅、净、律、密”八大流派，即法性宗、法相宗、天台宗、华严宗、禅宗、净土宗、律宗和密宗。

宋朝建国初期，皇室对佛教有了更多的保护和更广的推行，佛教开始深入社会生活。世俗化、平民化是这一时期佛教发展的重要趋势，信徒的增多使流派之间出现法统之争，各派纷纷标榜自宗是

地行不
識名和
姓大抵
高陽一
酒徒應
是瑤臺
仙宴罷
淋漓襟
袖尚糢
糊

佛法正宗。然随着“东西分祖，南北异宗，以摄戒名律，以见理名禅”这一趋势的发展，宋朝的佛教从最初流行的八大流派，逐渐演变为只有禅宗和律宗两大流派盛行。

在宋朝“重文轻武”政策的推行之下，同时期的文化与艺术的发展迅速达到高潮。禅宗主张凡人可通过修行顿悟人生诸理，通彻心灵之念，以达到终究涅槃的成佛境界。这样的禅理被更多的文人儒士所认同，逐渐上升到人生哲理的精神层面之上。于是，宋朝的文人儒士频频将其理念融进众多文艺作品之中。有了庞大绵延的文艺体系维护，禅宗一举超越同时期汉传佛教诸多宗派，在有宋一代一枝独秀。

王孙贵胄、平民百姓皆信仰禅宗，其理念也逐渐与“柴米油盐酱醋茶”等融合起来。如宋朝在茶艺与禅理的追求上有很多的共同之处，二者皆主张空寂、旷达、和谐、清心等观点，同时又追求丰富自由的内在精神。宋朝繁荣的茶业也促进着禅宗的蓬勃发展，茶饮禅意，禅修茶道，“茶禅一味”成为宋朝人人皆可参与的一种修行。这样流行的禅念也被更多的绘画大家展现在画作之中。今天我们就要在南宋著名画家梁楷的《泼墨仙人图》中一同理禅修佛。

天上布满薄云，太阳高高挂起却并不算刺眼。突然，西边的空中一团杂乱的云雾东摇西摆，飘得极快。正欲赶往天宫的一众小仙见状，吓得纷纷躲避。正在众仙惊疑之时，这团云雾猛然撞上一棵

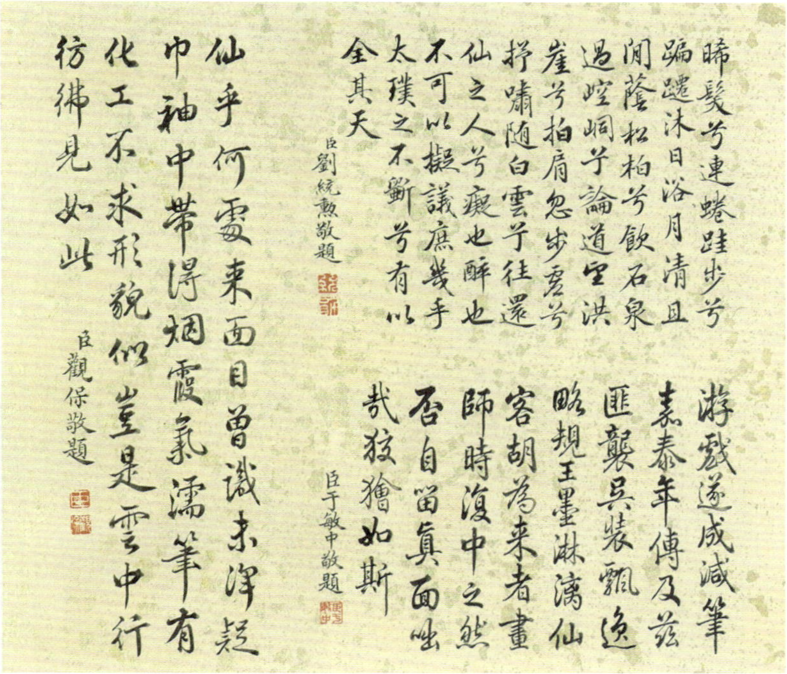

巨松，一声轻悠悠的“哎哟”从云雾中传出。

只见云雾慢慢散去，一位醉意浓浓的仙翁露出了真容。他与其他仙人格外不同，仙衣宽敞及地，露出了雪白肥硕的肚皮，寥寥几缕头发看起来十分凌乱。他怕是喝了不少的酒，目光轻扬涣散，短眉向下弯曲，似乎马上就要睡着了。仙翁的额头格外显眼，前额凸出甚多，光滑饱满，十分硕大，凡人常言，此乃智慧之相。想必这位仙翁虽是外表糟乱不堪，实则心中可装万顷海水，脑中可容千般智

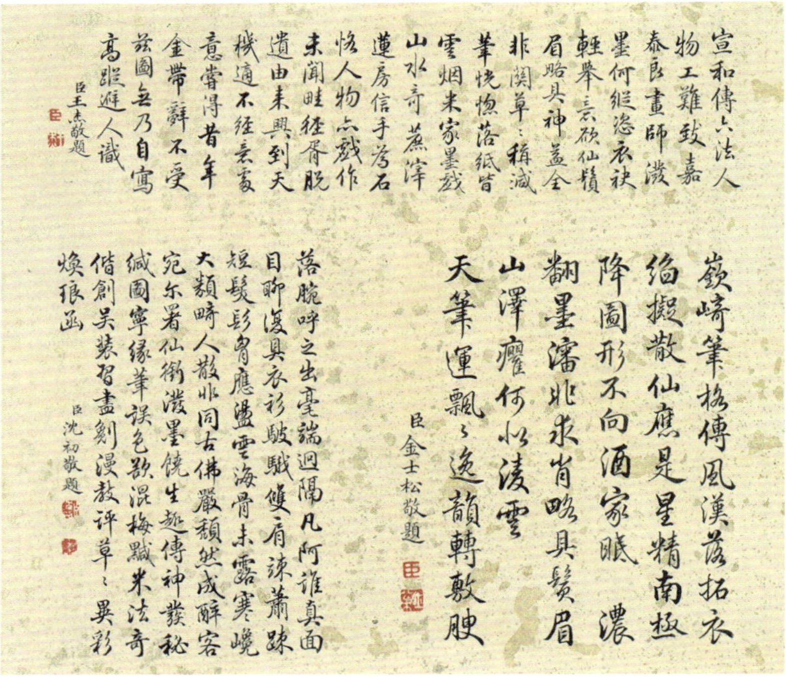

慧。仙翁嘴里不时嘟囔："琼台酒宴甚是有趣，酒仙之酒名不虚传，来日我还要喝它个不醉不归。"其脸部的眉、眼、鼻、嘴拥成一团，脸蛋上红彤彤的，甚是可爱。

"嗝……"一声巨嗝响彻云端，空中处处弥漫起浓烈的酒味。众人急忙衣袖掩鼻，避之不及。仙翁倒是毫无歉意，坦然一笑，有趣极了！黑色的褶绔被一根粗粗的绅带随意束在腰间，宽大的外袍将手藏了起来。太阳的霞光射在仙翁身上，光洁的皮肤中微微泛着金光。仙翁竟如一位憨态可掬、吉祥随意的顽皮小童一般蹒跚前行。每走一步，一股傲然富贵的仙气便从仙翁身上缓缓荡向云雾之中……

《泼墨仙人图》是南宋画家梁楷绘作的一幅纸本水墨人物画，更是中国绘画史上现存最早的泼墨写意人物画。该画作完全打破了中国画传统的以线条为主的表现形式，笔墨奔放，墨色淋漓，开启了中国画“大写意”之先河。该画纵 48.7 厘米，横 27.7 厘米，现藏于台北故宫博物院。全画除了五官之外，基本没有一丝一毫的线条笔墨，全以黑墨泼染。画家运用了十分夸张的手法，刻画了一位醉意酣然的老神仙。仙翁紧凑的五官刚好将凸出的大额头衬托出来。墨点点染的五官看似朦朦胧胧，但是这朦胧之中却绝妙地表现了仙翁清高超脱、不屑凡俗的精神状态和性格特征。

画中墨色浓淡变化的晕染也十分完美。黑墨在画中的变化非常富有层次，如仙翁近处的肩膀用浓墨铺就，而远处的肩膀则是淡墨轻轻晕染，这一浓一淡的相互配合，使画面的空间、层次立即变得分明起来。又如仙翁衣袖处的淡墨与裤子上的浓墨，鲜明的墨色对比，生动表达了人物的体态。

画中人的服饰简单不讲究，形象邋遢，醉意蒙眬。如果观画之人仅仅看出的是这些，那就大错特错了。简洁的服饰衬托的乃是仙翁飘逸的仙姿，邋遢随意的形象则是仙翁生性豪放的最好证明，酒又为仙翁增添了一抹洒脱、幽默之感。你能不被这样返璞归真的老神仙迷倒吗？

画作题诗："地行不识名和姓，大似高阳一酒徒。应是琼台仙宴罢，淋漓襟袖尚模糊。"如此看来，虽是一幅简洁明了的仙翁醉酒之像，但是他身上的种种超凡之态点醒着无数凡人：红尘滚滚、俗事颇多，可一切皆为身外之物，唯有超脱凡俗方是正道。

《太白行吟图》"谪仙人"与"梁疯子"

南宋绍兴二十年（1150），名门望族东平梁氏家中喜添贵子，一时间热闹非凡。

祖父梁扬祖年迈多病，听闻家中添丁，多年心愿总算了却。他高兴之余将儿子梁端叫至床前说："梁家香火不断，我心愿已了。孙儿之名我多年之前便已想好，'楷'字为万字表率，就唤'梁楷'吧。望他今后行得正坐得端，成为家族模范。"

梁端望着床榻上的老父亲已是脸色憔悴，形容枯槁，不禁眼眶湿润，连连答应。此时，他们不知的是，南宋画坛即将出现一颗闪亮的异星。

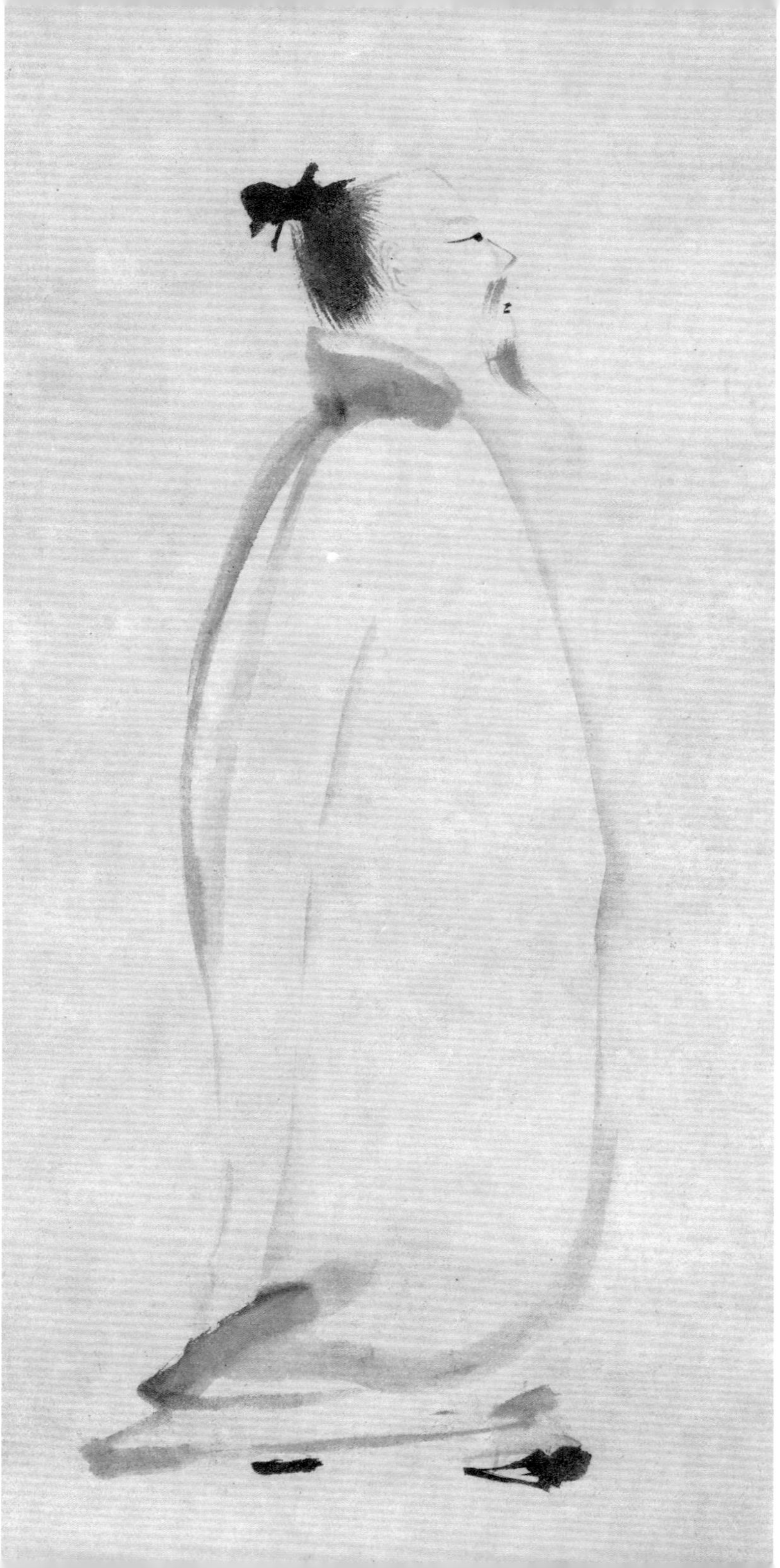

几十年后，这位梁楷已成为誉满钱塘的大书画家。一天，朝阳斜照在梁府的庭院楼阁之上，院中西侧的书房门窗皆开，阳光柔柔地洒向桌案边昏昏入睡的梁楷。

朦胧之间，梁楷闻到一阵酒香，心想，莫非又是肚里的酒虫作祟？他缓缓睁开眼，寻着酒香看去，见一白衣男子坐在楼阁的窗沿上。他手里提着酒壶，腰间斜挂着一柄宝剑，目光向着窗外，正看得入迷，以致手中的酒壶不知不觉倾斜下来，酒将洒未洒的，梁楷看着真是忧心。

听见了动静，那人转头过来。见梁楷盯着自己的酒壶，男子便举着酒壶问道："兄台也好这一口？"

梁楷怔了半天，一时间有些分不清是梦还是现实。若说是梦，那眼前的人太真实了，若说是现实，眼前这人的模样……他不禁轻声发问："郎君可是青莲居士？"

对面的人笑而不答，只是潇洒地将酒壶抛给他。梁楷慌忙接住，而后仰头喝起来。由于动作太猛，美酒倾泻而出，大半洒在了梁楷的身上。

那人见此忍不住大笑出声，跳下窗沿，按住腰间宝剑，走到梁楷身前。"好酒量，好酒量，与我不相上下！可称小酒仙！"

梁楷抹抹嘴，把酒壶抱在怀里，眼睛不停地打量着这位白衣男子。这人的气质飘逸出尘，仿佛天人一般。看来，此人正是诗仙太白！

“小酒仙不敢当，您可是真酒仙！”

“喔，看来我这酒仙之名，颇受后人赞扬啊！我真得谢谢子美的诗啊。兄台，今日你我同饮一壶美酒，可谓有缘。不如与我同游大唐长安？”

话音刚落，李白就拉着梁楷的手，飘然飞起。顷刻间，换了天地：有宫阙万千，灯火辉煌；有名山大川，绵延不绝；有湖光山色，鸟语花香……忽而风起，眼前的人化作云烟，梁楷只听得一声：“仰天大笑出门去，我辈岂是蓬蒿人。”

“太白！”

梁楷梦醒。他端坐起来，心里想的都是李白。唐朝长安元年（701），“诗仙”李白降世。他生性豪放洒脱、不拘小节、酷爱饮酒，一生创作诗歌无数，其艺术成就令世人顶礼膜拜。这位伟大的浪漫主义诗人虽无法在政治上一展身手，但一生过得如同天上神仙一般潇洒不羁。唐朝宝应元年（762）十二月，李白因病逝世于当涂（今安徽马鞍山辖县），临终前留下遗赋《临终歌》一篇，诉其一生壮志未酬，流露出对人世间的一丝不舍之情。

梁楷想起之前自己所见过的李白画像，均是昂首挺胸，面目严肃，哪有半分诗仙的洒脱旷达。扫兴，实在扫兴。

想到这里，他突然放声大笑。“是啦，是啦，不应该是那幅面孔，世人荒谬，误传太白真颜！梦里太白与我分酒，我是该还他真身的！”

此后数日，梁楷如同疯魔一般，日日饮酒，夜夜读诗，所读之诗皆为李白之作。此事很快传遍了文坛画界，众人自此皆唤他为“梁疯子”。不久，这位“梁疯子”绘出了一幅惊艳南宋的《太白行吟图》。仅寥寥数笔，他便将梦中所见的李白疏放不羁、飘然洒脱的神情刻画得生动传神。

梁楷虽然师从贾师古，却有一套自己的绘作手法。《太白行吟图》中并未有大量的线条勾画，而是抓住了反映诗人精神状态和思想情绪的瞬间动态，加以概括、强化，虽逸笔草草，却以少胜多，意境深远，令人寻味。这足以证明梁楷绘画构思及技巧、功力的不凡。

行云流水般的粗放笔墨一气呵成，将诗仙纵酒飘逸的风度神韵勾画得惟妙惟肖。看似细节处理上极其粗放，但对于人物性格及形象的刻画来说，这样的处理方式显得简练豪放，言简意赅。画作之中皆是潦草笔墨，与传统的人物绘画相比，没有一丝一毫的雕琢造作之气。

才华横溢、傲岸不驯、性情豪放、愤世嫉俗，这便是梁楷心中的李白，也是他梦中所见的李白。他正是借李白的这一形象抒发胸臆，表达自己对当朝妥协退让的对外政策和世俗的不满。

“太白见到这幅画，一定会很高兴，真当浮一大白！”梁楷想到此处，情不自禁饮酒高歌：“天上白玉京，十二楼五城。仙人抚我顶，结发受长生。误逐世间乐，颇穷理乱情……”

看到梁楷这散漫癫狂的样子，父亲无奈地摇了摇头，道：“祖父为你取名楷字，并非希望你如今日这般酒气满身、行径特异、不喜交际、不拘礼法。”

梁楷稍微正色，醉眼蒙眬地回道：“孩儿明白，祖父是希望我成为众人表率，行模范之事。可是父亲，我性情疏野，不喜朝堂之事，厌烦官场争斗，倒不如多读点诗书，绘些画作，方不枉初心。”

父亲见此，拂袖而去。梁楷不管，他提着酒壶盯着自己的画作。片刻，他突然大笑起来：“一切有为法，如梦幻泡影，如露亦如电，应作如是观。太白酒仙，你我虽有相似之处，但我就是我，你就是你。然我懂你心中忧思，敬你万千才华，视你为人生星光。可世间因果循环皆是一场修行，今后，你且看我的吧！”

宋宁宗嘉泰年间（1201—1204），梁楷在画界已经声名鹊起，南宋皇室佩服其才华便录为画院待诏，画界众人纷纷艳羡不已。奈何梁楷天生自由惯了，对皇室规矩、画院制度嗤之以鼻。一日，他将朝廷赏赐的金带随意悬于院中，飘然而去……

注：《太白行吟图》是南宋画家梁楷所绘作的一幅纸本水墨画，纵 81.2 厘米，横 30.4 厘米，现藏于日本东京国立博物馆。

《六祖伐竹图》 禅宗名人录

酒香断断续续地在空中飘荡，梁楷正稳稳当当地斜躺在半山腰的一棵大树下。薄薄的衣襟早已被汗水浸湿，他半醉半醒着，迷离的双眼不停地转动着……太阳炙烤着大地，知了的叫声使人感到乏力烦躁。山中的阶梯一层层伸向远处，却不曾瞥见有一人攀缘而下。微风偶尔吹过，天空中的白云晃晃悠悠被吹散成了好几片。梁楷的目光顺着散云继续游荡，山下的一处浓绿扎进眼中。炎炎夏日，最缺的大概就是这样浓绿的竹林了，看了令人感到一丝凉意。

“咔嚓、咔嚓”，刀斧挥砍竹子的声音十分清脆。竹子许是害怕抱团而生的炎热，根根分明地生长着，谁也不挨着谁。而碧青色的竹竿如一位位“坐禅”礼佛的僧人般寂静无声。野草三三两两地簇拥成堆，还有些野花向阳开放，为这一抹浓绿增添了娇美之色。

“咔嚓、咔嚓”，依然是刀斧挥砍竹子的声音。梁楷回首望去，此

时的竹林中，一位老者正蹲下身体，一手高高举起，紧紧撑着修长的竹子，另一只粗实的手臂挥着一柄刀斧，正一下一下专心致志地伐竹。青竹似乎格外坚硬，过了许久都还未被劈断。然老者脸上丝毫没有焦躁之色，凝神静气，仍旧不紧不慢地挥刀砍竹。有汗珠从老者头上滴落，他未曾擦拭，一身粗布短衣看起来格外普通，可老者身上却透着一股睿智淡雅之气。正所谓“无物于物，故能齐于物；无智于智，故能运于智”。

梁楷一时看得有些出神，不禁喃喃自语：“莫非是六祖慧能大师在此伐竹修行？”许是梁楷问得有些痴气，那老者停下动作，朝他微笑：“六祖坐化得道已数百年矣。我不过是在此挥刀砍竹罢了。”说完，又蹲下身劈起竹子来。

梁楷心中疑惑解开，一种别样的敬意从心底升起。林中的光似乎更亮了，大多集中在这老者身侧，恍惚之中，竹林中飘来了一丝智慧之音：“劈柴担水，无非妙道。伐竹也是一种修行。”

六祖，即慧能禅师。他二十四岁时受佛教《金刚经》点悟，以一首《菩提偈》获得禅宗五祖弘忍的认可。其中的“菩提本无树，明镜亦非台。本来无一物，何处惹尘埃”脍炙人口，流传至今。

禅宗是中国佛教宗派之一，主张修习禅定，故名。六祖慧能指出佛性人人皆有，创顿悟成佛之学，从此禅宗大兴，中晚唐之后成为汉传佛教主流。到了宋朝时期，禅宗一脉继承六祖衣钵的大师非常多。佛印禅师、佛果禅师、慧远禅师等，皆是出自这个时期。

佛印禅师自幼便被人誉为“神童”。他俗名林觉老，三岁便能通读《论语》，五岁时诵读三千余首诗词已不在话下，后来更是精通儒家思想，可谓聪明绝顶。成年之后，佛印禅师拜于云门宗门下，专心学习佛教禅法。大文豪苏轼是他的至交好友，二人都痴迷于文学，常常进行书信交流，互相探讨诗词歌赋。佛印禅师主张宽容待人，所谓“心中有佛，所见皆佛”。宋神宗曾赐他金钵，彰显其功德无量。

佛果禅师，先后弘法于四川、湖北等地，声名卓著。佛果禅师幼时就皈依佛门，取法名为“克勤”。他一生曾前往多地游历讲法，晚年于成都昭觉寺担任住持。佛果禅师弟子众多，受他点化之人既有权贵，也有平民。他著有轰动佛界的禅学经典《碧岩录》十卷，此书被誉为“禅门第一书”。《碧岩录》的问世也是北宋时期禅宗发扬光大的有力证明。

宋徽宗政和末年（1118），因朝廷官员对克勤法师的大力颂扬，宋徽宗为其赐号“佛果禅师”。之后，慕名前去听佛果禅师讲法之人不计其数。宋高宗建炎元年（1127），佛果禅师被宋高宗赐号“圆悟禅师”，故其后被世人尊称为“圆悟克勤”。

在佛果禅师的众多弟子之中，慧远禅师的禅学修为最为深厚。他十三岁出家，后于成都拜见佛果禅师时，受其点化悟得佛法奥妙。

南宋乾道六年（1170），慧远禅师被宋孝宗赐号“佛海大师”，之后便广纳弟子，游历讲学于江南。被后人尊称为“活佛济公”的道济禅师，便是其佛法继承之人。

相传，佛果禅师以禅宗的观念来品味茶的无穷奥妙，并挥毫写下“茶禅一味”四字。其手书墨宝与《碧岩录》著述被前来求法的日本僧人带回岛国，珍藏于奈良大德寺。日本佛教史上著名的奇僧一休禅师常常对着题字仰怀禅意，专心点茶，终悟出佛法存于茶汤之理——佛法并非有什么特别的形式，它存在于每日的生活之中。此后，“茶禅一味”被视为日本茶道的最高境界。

南宋时期，禅宗兴盛，有关顿悟、参禅的题材在绘画中也多有表现。《六祖伐竹图》是梁楷所绘的禅宗画，此图纵 72.7 厘米，横 31.5 厘米。作者以简练的笔墨精准地描绘出六祖劈竹的动态和神韵。六祖慧能于劈竹的瞬间感悟禅机，表现了南宗禅强调从日常生活中自然顿悟的道理。全图虽以简笔勾勒身形，但还是用细笔绘出头脸、手臂上的毛发。六祖的衣纹以“钉头鼠尾描”勾成，这种技法开始于马远，梁楷将它进一步发展，成为其特有的衣纹线描技法。

梁楷的水墨减笔禅画，笔简墨精，形神超拔，意境空阔，体现了一种不立文字，直指本心的直观简约主义思想和卓尔不群的禅境风骨。也因如此，他开创了南宋绘画的新风，丰富了中国画的艺术表现手法，将中国写意画推到了一个新的高度。

《布袋和尚行脚图》 布袋和尚关于前生今世的自述

我生于唐朝末年，幼时就已经成为孤儿。八岁那年的冬天，我上山砍柴，不小心跌落河中，万幸浮于柴捆之上才不致殒命。长汀村的村民张重天见后甚是同情，便将我救起带回家中。他见我虎头虎脑，唇红耳大，嬉笑不断，便为我取名为“契此”。从此我就生长于长汀村中，村民也皆唤我为“长汀子”。因无父无母，了无牵挂，我在年纪稍大一点后，便来到了位于奉化（今浙江宁波奉化区）的岳林寺中剃度出家。

岳林寺当时的香火旺极了，前来烧香拜佛者比比皆是。我在这里修行了很久，平日习惯将一个大布袋携于身侧，所以大家都叫我“布袋和尚”。在寺里的生活虽然清苦，但是有师父及师兄、师弟陪伴，我过得十分开心。可是突然有一日师父告诉我，我须下山历练方可以修得大道。于是，纵有万般不舍，我也只好独自下山。

山下的日子飘无定所，我只能四海为家，天地为被，木杖与麻袋是我的全部家当。我虽逢人化缘，但并未募得什么贵重之物，布

袋之中常常是空无一物。与人常谈之事便是佛禅修行，可佛法之境如此广大，又岂是一言半句便可点悟众人的。但很多人总想一次追问个明白，然千言万语不如亲身体悟，每逢此况我便只好提起布袋大笑离开。但也有行痴事之人，他们竟挡我去路，一定要追问到底，似乎我就是他们生命中的救命药。岂不知万般皆是缘，唯自己可解。我觉得他们的行为十分好笑，以至于忍不住捧腹大笑。笑于我而言是世间最好的良药，可解自己之苦、之累、之痛、之惑，可宽众生悲苦之心。我的笑既是在解我自己的心结，更是在点悟他人的心结。

五代后梁贞明二年（916）三月初三，我自知寿限已至，于是留下遗偈："弥勒真弥勒，化身千百亿。时时示时人，时人自不识。"然后便于岳林寺东侧回廊的石凳上坐化。自此，世人便知晓了我实乃弥勒菩萨化身，他们便将我的肉身葬于封山寺中。

到了宋朝时期，佛教在皇帝的支持下得以复兴，信众广泛，而我也开始接受世人的香火。

北宋元符元年（1098），宋哲宗为我赐号"定应大师"。

北宋崇宁三年（1104），我的圆寂之地岳林寺修建楼阁时，将一尊弥勒菩萨像塑于殿内，宋徽宗赵佶以年号为殿堂赐名“崇宁阁”。从此之后，天下寺院都开始将我供奉起来。

与我最有缘法的乃是宋仁宗赵祯。他曾经在梦中畅游“八极之表”，大梦初醒后，还一直恋恋不舍地回味梦中美景。之后，他便号召全国各地画师将世间名山大川之貌绘于画中一一呈献。宋仁宗借此机会将画作之中的山川与梦中之境对照，当他看到雪窦山的美景时，不由地细细回味起昔日梦游之景，然后确定雪窦山便是他梦中的“八极之表”。于是，遣宦官张履新前往山中的雪窦寺礼佛，并且将沉香木雕山一座、二百片龙茶、五百两白银、一套御服赏赐予寺庙内的僧人。宋仁宗还下令，永远免除此山山民一切役税，且规定山民不得上山砍柴，以此来保护雪窦山中的自然景色。

南宋淳祐五年（1245），宋理宗赵昀为感念先祖，亲自为雪窦山赐书“应梦名山”四字。昔日平静的雪窦山因宋朝皇室的痴心而声名大噪。

我虽然与岳林寺甚有缘分，但是雪窦山中的雪窦寺才是我的真身“弥勒菩萨”真正的修行之地。此时，宋朝的文人儒士也纷纷将我作于诗中，绘于画里。提及此处，想起南宋有一禅画大师名为梁楷，就曾绘了一幅关于我的画作——《布袋和尚行脚图》。

寺庙中的我常常是满身鎏金，光脚盘腿、半卧半坐。圆脸肥耳，蹙眉笑口，一副憨态可掬的模样。衣衫也宽敞随意，肚皮更是经常裸露在外，终日笑眯眯地对着寺中的香客，然不觉间我常常有一种与现实遥遥相隔的距离感。因此，我更喜欢梁楷《布袋和尚行脚图》中的自己。画作之中，梁楷只用草草的笔墨便将我行脚之貌现于画中。每每看见此画便会想起昔日游历江湖的情景：一身粗布僧衣遮体，肩上扛着长长的木杖，木杖之上挂着一个轻盈盈的大布袋。此时的我全身并无金贵之感，甚至常以光脚行地。我丰满的腹部微微露出，里面装的皆是众生难容之事。惬意自在的神色是我宽厚、善良、富有同情心的样貌，而粲然的笑容是我开朗、乐观、幽默有趣的性格展现。“量大福大，宽容最大。”这句佛理一直伴随我至今，它既是我在礼佛修行之时的领悟，更是我以此点化众生的理念。

画面虽只有黑白两色，但我却觉得比任何颜色都灵动。我本就出身普通农家，简单的墨色与我最为般配。梁楷是我见过最懂禅意的画家，他所绘之画重在写意，意到画魂便有了。我一生经历三朝五代，战火纷乱，波折无数。无数人因此殒命，无数人家破人亡，无数人无法顿悟而难以修行圆满。然朝朝代代、岁岁年年，其实不过是一场又一场的轮回而已。

如今的寺庙之中又响起了“布袋和尚之歌”：“只个心心心是佛，十方世界最灵物。纵横妙用可怜生，一切不如心真实。腾腾自在无所为，闲闲究竟出家儿。若睹目前真大道，不见纤毫也大奇……”我赤裸而来，空手而去，用一生唱一歌，只愿点悟你心中之惑。

注：《布袋和尚行脚图》是南宋画家梁楷所作的一幅绢本水墨画。该画作纵 31.3 厘米，横 24 厘米，现藏于上海博物馆。

李成
中国山水画之父

《读碑窠石图》 生不逢时的“山水画之父”

天空很远，是乌色的，浓云盖住了原本的清明，一层层薄雾缓缓荡在寂静的幽谷之中。李成感到心中极度压抑。故土样貌虽然似曾相识，然而已是物是人非之境，作为李唐宗室一脉的后人，如今却漂泊无定，混迹于大宋王朝。世人皆说“叶落归根”，可我的根在哪里？如今自己已不再年少，真不知该去哪里找寻该有的归属感。李成一想到此处，一丝伤痛涌上心头。他紧紧闭起双眼，不再观望这途中山水，任凭胯下的毛驴哒哒地摇晃着他的身体。

出城已经许久，可满眼之内尽是萧瑟苍凉，或许是与心境有关吧。毛驴偶尔发出低沉的哀鸣，这声音惊扰了树枝上的黑鸦，它们纷纷扑腾着翅膀，开始唱起悲凉的歌。鸦啼声越来越大，小书童拿起木杖敲了敲树干，黑鸦吓得立即飞向空中。“如此一来，黑鸦有家不能回，跟自己倒是很像。”李成看着消失的黑鸦暗暗感叹。小书童似乎并不能体会李成心中翻滚的愁绪，他一手拿着木杖，一手牵着驴绳，平静地继续走着。

小书童一直都是这样的平静，一身朴素的珠白色衣裳罩在身上，黑色的粗布绅带紧紧裹在腰间。并无特别梳理过的头发十分短碎，看起来一副无欲无求的样子。李成想起了小书童这数年来的陪伴，凌厉的眼神变得温柔起来。“阿翁，你看前边。”小书童的声音打断了李成的思绪。顺着他指的方向望去，李成眼色紧了起来。“走，我们过去看看。”

几棵扎根在小土坡旁的巨大老树歪歪扭扭，相互交缠生长。灰黑色的枝干上光秃秃的，看不见一片枝叶。它们看起来毫无生机，大概许多枝干已经半死。周围凹凸不平的窠石上铺满了数不清的小小孔洞，窠石的旁边偶见几处凌乱枯草。有风骤然吹过，树枝发出“吱呀吱呀”的声响，这还真是个荒无人烟之地。

骑在毛驴上的李成着一身牡丹白外袍，上面有片片黑色图案。远远看去，倒十分像一件道袍。他的双手紧紧拽着驴缰绳，头向上高高昂起，斗笠遮住了他爬满皱纹的脸庞。他的眼睛紧紧盯着面前的一块石碑，碑下有一只雕刻精致的赑屃，甚是庞大。李成望着破旧不堪、布满青苔的碑面，肃然出神。四周依然是寂静无声，小童缓缓扭头望着李成，只见主人望着碑文，眼睛慢慢湿润了。此时，李成许是想到昔日家国的繁华之象？许是忆起战火滔天流离失所的年代？或许是感伤战争之中兵将无畏牺牲的壮举？……过了很久之后，骤然传来苍劲悲凉的声音，吟诵着杜甫的那首《春望》：“国破山河在，城春草木深……”

《读碑窠石图》是李成与王晓合作的一幅绢本墨色画。全画纵126.3厘米，横104.9厘米，现藏于日本大阪市立美术馆。李成是五代末期、宋朝初期的著名画家，他与董源、范宽三人被称为“北宋三大家”。

公元919年，李成出生在五代十国战乱不断的年代，而他的身上流淌着大唐宗室的高贵血脉。特殊的身份，动荡的时局，似乎注定了他将有着悲苦的人生。

公元960年，宋太祖赵匡胤发动“陈桥兵变”，自此拉开了大宋王朝的帷幕。此时的李成已经四十一岁。从出生至此，李成不断经历战乱之苦，如今虽再也不用过颠沛流离的日子了，可是他却无法高兴起来。自祖父李鼎、父亲李瑜起，族中之人多在大唐官居要职，一生报效朝廷。自己身为唐朝宗室的后人，而今要以一个“大宋子民”的新身份融入时代洪流之中，这大概是李成一生无法排解的伤痛。

五代十国时期，日日纷争不绝，烽火狼烟使将相之才皆被朝廷赐予高官厚禄，而儒士文人根本不被朝廷重用。可怜李成虽然满腹才华，胸有大志，却一直没有施展之地。他也曾想在大宋朝堂之上一展才华，奈何已过不惑之年，即使有心也早已无力。一腔热血，满身抱负，最终只能借书画来表达自己的赤子之心，借杯酒来疏解自己的一生愁苦。

北宋乾德五年（967），悲郁与苦酒挖空了李成的身体，他病逝于陈州（今河南淮阳县），年仅四十八岁。这位才华卓然的大唐宗室后裔最终留给宋人的只有那些超然不俗的画作。

《读碑窠石图》想要表达的正是画家对往日美好时光的无限追忆。画作之中，李成绘作的枯树、窠石、石碑，无不在渲染空旷孤寂的氛围。而王晓绘作的一位骑驴老者正是画中点睛之处，他的出现似乎在解说这幅画作为何满是苍凉幽寂之感。老者弯腰驼背，看似平淡无奇，可他淡雅的装扮显示出不俗的高贵气韵。画面中的薄雾为画中的历史背景制造了一层不愿揭开的神秘面纱，综观全画，再结合李成的一生，我们便不难知晓面纱之下的满目疮痍。

画作运笔苍浑有力，圆润坚挺，足见画家的深厚画功。黑墨铺就的树枝以“蟹爪枝”的手法绘画是再合适不过的，树上大量弯曲向下的枝条既是画家悲凉心情的写照，更为画作增添了一股古朴苍远之感。画中石碑的淡墨色与树木的浓墨色相呼应，一淡一浓打造出了画作秀雅的晕染层次。人、景虽是不同画家绘作，但却完美地相融在画作之中，使全画呈现出一种大气磅礴、高贵非凡的气质。至此，《读碑窠石图》以枯树古碑的组合，强化了幽凄惨淡的环境氛围，让我们忆起了那埋藏在历史长河中的璀璨与哀伤。

《寒林平野图》 山水画的最高境界：天人合一

儒学，即儒家思想，是先秦时期诸子百家的重要思想之一。儒学由孔子创立，孟子有所发展，并提出了“仁政”的思想，至荀子之时，集儒学之大成，为儒学适应时代环境，进而寻求新的发展创造了有利条件。

儒学思想经过各朝各代的推行，不断地在传统思想的基础上汇入新的观念。到了宋朝，文学艺术的盛行，助推了儒学的发展，使其进入了一个崭新的阶段。“新儒学”融合了佛教、道教、儒家的思想精华之后横空出世，并逐渐成为封建王朝的正统思想。

“新儒学”摒弃了过去崇尚空谈的弊病，讲究把义理与现实生活相结合。这也影响着宋人文学、绘画上的追求方向及审美理念。“人性”及“天理”被展现于大多数的画作之中，这一点于山水画作中表现得格外突出。画家往往通过对自然山水的描绘，展现一种广阔而富有诗意的意境，表达自己内心的思想情感。

宋代山水画已经不是单纯的作为景物画而存在了。作品中注入了画家的思想感情，饱含着卓越的艺术精神和丰富的儒家意趣。这个时期最具有代表性的人物便是北宋初期的“山水画之父”李成。

他的画中，山川湖泊、楼阁宫阙、危树苔草，都如亲眼所见般真实，栩栩如生的自然万物背后又蕴藏着不同背景下的文人情怀。

李成在绘画上的天赋之高，综观整个宋朝，可与之比肩者寥寥无几。他独创了“卷云皴”及“蟹爪枝”的绘画技法。前者常常用于展现山石的形态，因为形似云翻气涌之象而得名；后者则用以表现寒林枯枝的状态。这样的手法也常常被后人运用于画作之中，如王诜所绘的《渔村小雪图》中的枯树，所用技法就是“蟹爪枝”。又如郭熙的《早春图》中，正是以“卷云皴”层层皴擦出了山石纹路。

李成对宋朝山水画的影响可谓非常深远，无论是皇室权贵，还是平民百姓，彼时皆以临摹李成作品为无上光荣。这样的潮流也使李成画作的伪品多得不计其数，米芾曾在《画史》中有言：“李成真见两本，伪见三百本。”

宋朝皇帝之中，宋神宗最为欣赏李成。宋神宗在位期间，被他收藏于宫廷之内的李成画作多达 159 幅，致使四海之内一时很难再见到一幅李成的真迹。后来这 159 幅画作又被宋徽宗收录于由他主持编撰的《宣和画谱》中。而这本著录中还记载着这样一段话：“至本朝李成一出，虽师法荆浩，而擅出蓝之誉，数子之法遂亦扫地无余。如范宽、郭熙、王诜之流，固已各自名家，而皆得其一体，不足以窥其奥也。”“凡称山水者，必以成为古今第一。”如此可见李成画功之深及地位之高。

《寒林平野图》是李成绘作的一幅绢本精品画作。全画纵 120 厘米，横 70.2 厘米，现被台北故宫博物院收藏。“寒林”是他所有画作之中经常出现的景物，画幅中的两株巨松瞬间便将观画之人拉进画境之内。老树枝干虬曲苍劲，老根盘结。作者以浓淡墨双勾画出树干苍劲的姿态，再用淡墨鳞皴染出树皮斑驳的质感。树枝虬曲下垂，以“蟹爪枝”技法绘就，无论粗细，均呈弧曲形。古松虽然颀长，但是枝叶似乎并不青茂，这就间接地晕染着画中萧瑟的环境。再看画作中央曲折的河流，河面光滑如镜，形象地展现出了河水冰冻时期的状态，画作的季节至此不言而喻。画面远处的天际以淡墨晕染，而山川则以浓墨勾勒出轮廓，阴凹处略加皴擦，再以水墨渲染，整个坡石营造出风起云涌之势，开后世“卷云皴”之先河。

意境是画作的灵魂，受宋代新儒学思想影响，文人们把绘画作为一种传达自己思想的重要媒介。宋代绘画作品不仅数量众多，而且艺术魅力永恒，对后世中国画的发展影响深远。《寒林平野图》中苍凉磅礴、凄清空寂的景色之下，埋藏的实则是李成孤傲、旷达的个性和情感，以及对自己一生命途多舛的暗暗感伤。家道中落、兵灾人祸使他入仕济世的梦想破灭了，不得已，他将理想抱负寄托在了绘画上，开始追求内心的平和。时代的洪流会带走许多难舍的情怀，但也会造就更多的历史辉煌。让我们走进这幅《寒林平野图》，一起再现庞然萧瑟的寒冬景色，一起再感受“巨人李成”隐藏在心底的情愫……

巍峨的山脉一座连着一座绵绵不绝，消失在天际的边缘之处。

它们时而露出耸立的山峰，时而荡开平滑的山丘，似有说不完的心事。几只乌鸦振动黑色的翅羽回旋在天空之中久久不肯离去，许是它们并不知该去向哪里。空气清冷得可怕，广袤的山原上看不见任何人的踪迹。这样的寒冬季节，又有谁愿意出行在外呢？

气温依然在不断地下降，河面很快结上了厚厚的冰，甚是晶莹。流水的声音渐渐变得低沉，平静如镜的河面微微泛着银光，山原变得更加寂静了。

墨绿的松树是山原中的异色，在这萧瑟的季节，松树稀稀落落的绿色枝叶显得格外珍贵。有一株松树许是极怕这严寒之苦，歪曲着向旁边的另一株松树靠拢。它们相互缠绕着，繁杂的枝干已经交织在了一起。而画面主体的两株古松却是直直挺立，舒展在天地之中，任凭寒气扑面，也不曾有丝毫弯曲。这多么像我自己啊！走过了连绵的烽火，经历了国破家亡，感受过流离失所，有过激情热血，恨过命运不公，然而我依然挺直了脊梁，傲然于天地之间……

《晴峦萧寺图》 酒里的社会现实与名画

说起酒的历史实在十分悠久。最初甲骨文中的“酉”字本意是酒器，引申指酒，后来古人为了着重解释酒的液态特征，又为此字添上“水形”，便形成了现在的“酒”字。传说古人从猿猴饮食腐烂发酵后的野果浆汁中受到启发，酿造出了早期的酒。随着历史的发展，人们在自然发酵的基础上不断改进酿酒工艺，提高酒的醇香，使之更加甘美浓烈，原始的酿酒逐步演变成了人们有意识、有目的的生产行为。

此后，酒的种类开始增多，白酒、黄酒、果酒等在古人的心中都留下了一席之地。宋朝时期，饮酒之风盛行，更有甚者，饭可以不思，但酒不能不饮。《水浒传》中的好汉武松在醉打蒋门神之前，就曾言：“不管是酸甜苦涩，还是滑辣清香，是酒就要喝三碗。”宋人对酒的喜爱也促使着酿酒技术突飞猛进。

宋朝酿酒行业有官营和民营之分。皇室祭祀、宴飨所用的法酒和供御酒，主要由光禄寺所辖法酒库和内酒坊生产。这种酒名“光禄酒”，其酒坛要用黄绸封盖，故又称“黄封酒”。皇帝经常将黄封酒赏赐臣下，以示褒奖。苏轼曾在诗句中暗暗地表达了对“黄封酒”的喜爱：“新年已赐黄封酒，旧老仍分赪尾鱼。”民间的酒坊、酒肆，从城市到农村随处可见，可谓星罗棋布。相比于御酒，坊间之酒的种类可一点也不少。羊羔酒、红曲酒、荔枝酒、竹叶酒、葡萄酒……光从这些有趣的酒名上似乎就可以嗅出不同的醇香。

文人墨客善于将自身的情感和胸怀寄托于浓烈醇香的美酒之中，人文情怀与酒香的激烈碰撞，能够激发出不一样的人生况味。

说起宋朝的名人酒事，首先要提的便是“女中豪杰”李清照。她喝酒绝对刷新了众人对古时女性“大家闺秀”的认知，从年少时期与友人畅玩后“沉醉不知归路”的可爱狡黠，到中年之后“不如随分尊前醉，莫负东篱菊蕊黄”的背井离乡，直至人生最后的岁月，孤独终老，写下了“三杯两盏淡酒，怎敌他、晚来风急”。酒陪伴着她走过了坎坷漂泊的一生，也与她共同见证了宋朝从经济空前繁荣到战乱连连、山河破败的这段惨痛历史。

小酌怡情、大酌伤身。酒能助兴解忧，但狂饮无度则有致命的危机。李成就殒命于三年不断的放纵豪饮。他饮酒的最初目的不过是摆脱家道中落、仕途不顺的苦闷，然而，酒却意外地激发了他的绘画灵感。这幅《晴峦萧寺图》就是借酒劲高涨之时而绘的热血之作。

传说当年，李成的画艺在京城里声名越来越响亮，想要求画之人比比皆是。可李成生性孤傲，并不轻易答应别人的请求。相国寺附近有一间药铺，老板仰慕李成已久，非常想得到李成的画作。李成常常去其药铺抓药。时间久了，药铺老板与李成便熟络起来，每次见李成到来必备美酒款待，而李成也毫不客气，一喝起来便是不醉不归。这日，药铺老板见李成酒兴正酣，便备好笔墨，鼓足勇气请李成赐画一幅。李成满口答应，随即开始挥洒笔墨。半醉半醒之间，一幅纵 111.4 厘米，横 56 厘米的《晴峦萧寺图》便完成了。

《晴峦萧寺图》是一幅绢本淡设色画。画作中，空幽的山川与凝重的寺塔楼阁相结合，显得萧条淡泊、闲和严静。昂首望去，群峰兀立，中间两座高峰重叠，山势雄伟而秀美，皴染笔法多有变化。画家运用淡墨的层层积染将萧寺与中景坡岗统一在一起。萧寺、寒林与瘦硬的山体共同营造出深秋萧疏、冷寒的气氛。

高山与流水是山水画中的最佳搭档，画中远处瀑布飞泻而下，近处则河水低淌。流水让画作有了灵动之美。

山下的河流旁，是富有韵味的亭台回廊。来来往往的行人不断踏过木桥穿行在回廊之中，有奔波之人，有赏游之人，还有歇脚之人……画作的烟火气息淡淡地显现出来。

任何艺术创造皆来源于现实生活。萧寺所代表的禅境凸显了秋景山水清幽寂静的意涵，旅人、店舍、木桥与萧寺之间又形成了一种叙事情景，让观画者犹如身临其中。李成的艺术与宋朝时期的酒皆是大宋王朝文化灿烂的证明。这幅被收录于《宣和画谱》的名画从宋朝内府流散后，一直隐于民间，至清代经梁清标、徐乾学、缪曰藻、徐渭仁等藏家收藏，民国时期辗转流入日本，后于 1947 年售卖给了美国纳尔逊 · 阿特金斯艺术博物馆。

《茂林远岫图卷》 李成最受争议的画作

辽宁省博物馆中收藏有一幅绢本水墨图卷，画幅中未留有作者款印，画作拖尾处有南宋向氏题跋曰："曾祖母东平夫人，实申国文靖公之孙枢使惠穆公之女也。右李营丘成所作《茂林远岫图》，即祖母事先曾祖金紫时奁具中小曲屏……"李营丘即北宋初期的绘画大师李成，其号为营丘。从题跋中看，此画当为李成绘作。

然而，当代许多书画鉴定专家却对此持怀疑态度。如谢稚柳认为，此画乃是北宋画家燕文贵所绘；又如美术史家杨仁凯则认为，此画实为李成嫡传学生的手笔。

夏日的阳光甚是刺眼，柔云也禁不住日光的炙烤，竟躲得不见任何踪迹，只剩下湛蓝的天空茫茫无际。远山重重叠叠，空旷清远。近景中，几叶扁舟在水雾中若隐若现，待拨开这层层迷雾之后，才发觉是捕鱼之船。它们顺着流水漂至岸边。有渔民从舟上带下今日满满的收获。河流从天边涌来，水面在日光下闪出金子般的光泽。远处山腰间瀑布飞泻，瀑水沿着山涧奔流而出，最终一条条冲向层层的山脚之下，然后汇集起来流向茂林边沿处。行人们心有感应般地在房廊、岸边仰望山瀑的壮观，四散的水花打湿了他们的衣衫，这丝丝凉意也冲掉了夏日的炎热。

远山盈盈耸立，无意间瞥见了山中雄伟的楼台宫殿，明黄色的琉璃瓦在日光下发出五彩的光芒，朱红色的墙壁在浓绿的密林中格外扎眼。宫殿应是极大的，悠长的回廊一节又一节连着座座相通的庭院和偏房。有巨松偷偷从院中露出星星点点的枝头，高大的宫殿在庭院的前方展现出肃穆庄严的一面。山脚下赶着马车的行人看了看宫殿的方向，继而扬起马鞭奔腾而去，那里许是他们心中最牵念的地方……

《茂林远岫图卷》是一幅绢本水墨画。全画纵 45.2 厘米，横 143.2 厘米。画作按空间顺序由远及近描绘了山水之间的美景。从近景至远山，画家着墨依次由浓转淡，愈远愈淡，愈远山脉轮廓愈渐模糊，呈现出缥缈的烟岚秀色。这就显示出了山川重叠下的层次感。浓墨点出近景的山势和树木，呈郁然有荫的茂林之象。远景则以虚笔、淡墨表现。这样远近采用不同的绘画手法，以前、中景的实衬托远景的虚，从而形成平远的纵深感，给人十足的想象空间。

画作中的浓淡晕染使山景远近分明，视觉效果极其震撼。河流之中的渔船、往来不绝的行者、山中巍峨的宫殿又使画作有了一抹生活气息。这样的生活气息不仅没有拉低画作高雅的气韵，反而使山水有了故事的神秘感以及灵动性。这也是李成之画无论是皇亲国戚还是平民贵绅皆要追捧的原因，因为真正好的作品是没有高低贵

元氣淋漓草木枝荆
關而外自成師蒼屏
合付閨中秀硯匣琉
璃冥寫時
戊寅春疊舊韻再題

贱之分的。

李成的绘画风格对宋代山水画影响深远，受到后学的景仰。在被李成影响的众多名家之中，北宋前期有三位值得一提：许道宁继承了李成画作之气韵，李宗成继承了李成画作之形态，而翟院深则继承了李成画作之风骨；后期则有郭熙、宋道、宋迪等，其中，郭熙将其师李成画山石的透视、明暗法以理论形式归纳总结，同时加以创新，创“高远、深远、平远”之“三远”构图法。

三远法的确立是中国传统山水画成熟的一个体现。它打破了时间、空间的局限性，把人的视线引发开去，导向无限的空间，充分体现了中国山水画的创造性。

董源
南派山水画的开山鼻祖

《夏景山口待渡图》 理想之画与现实之痛

《夏景山口待渡图》是五代末期、北宋初期的南唐画家董源所创作的一幅绢本淡设色画作。全画纵 50 厘米，横 320 厘米，现收藏于辽宁省博物馆。此图描绘了江南地区夏季的山水景色，用大面积的江水渲染出江南水乡山川清雅婉约的特征。

画作之中，山峦层叠铺开，江水将其团团包围。山中雾气缥缈，树木根根分明伫立。跌宕迂回的河岸错落有致，岸边似有芦苇绵柔飘扬。宽阔的河面碧波微微荡漾，几艘渔船穿行在河中央。杨柳依依的渡口处，有旅人正静静等候渡船的到来。不远处的岸边，有渔翁身背渔网和竹篓缓缓前行，竹篓之中大概是今日所获。远处，对岸渡口之亭台若隐若现。

不同于荆浩、关仝、李成等人的北派山水画“卷云皴”的绘画手法，《夏景山口待渡图》以“披麻皴”的技法晕染着画中之

山。“披麻皴”又分为长披麻皴和短披麻皴，线条较为圆润且不露锋芒，富有劲道，用墨浓淡相宜。以此手法勾画皴染的山石往往似散麻一般交错层理，展现出江南土山平缓细密的纹理。这种绘画手法由董源首创，但他的画作之中我们常见的多是线条较短的“短披麻皴”。

《夏景山口待渡图》是一幅非常宁静秀美的山水画作，它所呈现出来的是董源对和平美好的自然氛围的追求。山水一直是宋朝画家的创作主题之一，山是人们生活的依靠，而水更是人们的生命之本。提到这里，便会想到我国的长江、黄河，它们是中华民族的摇篮和文化发祥地。其中，黄河全长约为 5464 公里，从青藏高原的约古

宗列盆地出发，自西向东流经青海、四川、甘肃、宁夏、内蒙古、山西、陕西、河南和山东 9 个省（自治区），最后汇入渤海之中。其流域总面积达 79.5 万平方公里，是我国的第二大河流。

黄河是中华民族的母亲河、生命河，也是一条桀骜难驯的忧患

之河。对黄河的治理成了历朝历代皆要面对的困难，而“黄河清，天下宁”更成为四海之内人人渴望的局面。

黄河决堤对于两岸人们的危害是不容小觑的。为解决这一困扰，古人曾经想过很多办法，其中，最著名的便是北宋时期的“三

易回河”。受东汉王景分流观点的影响，北宋在改变黄河河道上一直持非常坚决的态度。这种为了解决洪涝灾害，使百姓安宁、国家昌盛的出发点自然是好的，可是北宋朝廷却忽视了大自然本身的威力，采用了李垂提出的人为干预黄河下游流向的方法。李垂主张让黄河改道流经河北汇入辽国，以此在治理黄河的同时，还可以不断耗损辽国的国力、军力，从而使北宋可以不战而胜。

梦是好梦，可终是幻想。随着朝廷对李垂观点的大力支持，改

道黄河的工程几乎贯穿了整个北宋时期。“北宋皇祐四年（1052），议者请开六塔以披其势。”“北宋嘉祐元年（1056）四月，塞商胡北流，入六塔河，不能容，是夕复决，溺兵夫，漂刍藁，不可胜计。”这是《宋史·河渠志一》中关于宋仁宗时期治理黄河的详细记录。

彼时宰相文彦博受李垂治河观点影响，提出将黄河水分流至六塔河中，以为这样就可以解决黄河带来的灾害。可六塔河仅是一条小河流，它的水量承载力非常有限。虽然这一观点被欧阳修等大臣强烈反对，但文彦博的一意孤行使六塔河很快决堤，故使河北一地的众多百姓死伤无数，良田变成沼泽，家园尽毁。

到了宋神宗时期，此前惨痛的教训并没有改变帝王天真的想法。随着“王安石变法”拉开帷幕，黄河治理工程也迅速被其提上日程。王安石为此发明了“浚川耙”，专门用来疏通河底的泥沙。可这一工程量无疑是巨大的，需要耗费大量的人力和时间，且淤泥仍会随着流水不断堆积，根本就是治标不治本。王安石在治理黄河上依然以失败告终。曹村决堤致使两岸 3000 万亩良田尽毁，无数无辜百姓因此而丧生。

到了宋哲宗时期，因为之前治河的错误方案致使黄河河床不断升高，导致哪怕是一场小雨都会使黄河泛滥。于是，宋哲宗不得不耗费大量的财力、人力再次对黄河进行治理。但其采取的措施都没有起到很大的作用，反而进一步加重了黄河泛滥的危险。内黄口的决堤一下子对北宋的经济和军力造成了严重的冲击。这样的冲击使军事力量本就薄弱的北宋再次面对敌军来袭时，已经无法与之抗衡。在宋哲宗去世的二十七年之后，北宋便倒在金国的铁蹄之下。

“三易回河”的失败不仅使宋朝百姓不得安稳度日，也对宋朝之后的朝代造成了严重的影响。历朝历代的百姓在饱受洪流灾害之后，这条“母亲河”最终在清康熙二十年（1681）被河道总督靳辅以“束水攻沙、以河治河”的方法，得到了较好的治理。从此，黄河逐渐臣服于人类的智慧。

五代时期，南方政权十分重视江南地区水利工程的修建及维护。吴越王钱镠更是修塘筑堤，建造堰闸，疏浚河道，积极发展农业。故五代、宋初之时，江南一带呈现出一派繁荣景象。

《夏景山口待渡图》中虽然展现出来的是江南一带美丽的山川河流之景，但是寥寥的行者、自给自足的渔夫、安然等待的渡客，将红尘生活注入了这美好的画景之中。画面中静中见动势，显得和谐统一。

古人常言："靠山吃山、靠水吃水。"江山安，天下平；山水宁，百姓生。只有经历过五代十国动荡不堪的年代，饱受过自然灾害带来的重创，才深知这份如画中的静好岁月得来是多么不易。

《潇湘图》 神话背后的"流官文化"

落日孤烟过洞庭，黄陵祠畔白苹汀。欲知万里苍梧眼，泪尽君山一点青。

——宋 · 张元干

宋朝诗人张元干的《潇湘图》一诗，前两句传神地描绘了湖南湘江一带的壮美风光，后两句则动情地将舜与二妃的神话引入诗中。

上古时期，尧代替黄帝登上天子之位，建都城于平阳（今山西临汾）。洪水泛滥之期，民众苦不堪言。尧想要治理洪水缓解民苦，于是羲仲、羲叔、和仲、和叔这东南西北"四岳"，向尧帝举荐鲧来治理洪水。奈何鲧用尽了各种方法，历经九年时间依旧没有将洪水

治好。之后“四岳”又将年轻聪明的舜举荐给尧帝。舜善良大度、聪慧机敏、踏实勤政，深受百姓敬重。于是尧帝便将自己的两个女儿娥皇、女英一同嫁与舜。舜与二女相处和睦，感情极其深厚。故尧帝去世后将帝位传给了舜，舜初登帝位便身体力行，投身于洪水的治理之中。他率万民凿山通泽，疏通河流，最终治服了洪水，完成了

尧未竟的事业。

传说舜在南巡洞庭之时，命丧于苍梧之地。他的两位夫人娥皇与女英闻讯后，一路马不停蹄跑到了湘江水畔，抱着洞庭湖君山的翠竹，对着浩瀚的江水号啕大哭。二人心灰意冷，携手投入滚滚的

湘江水中，自尽而亡。

二女对舜的真情感动了天帝，于是在她们死后，天帝使二女为湘水之神，后人称她们为“湘君”“湘夫人”。从此，世人提及潇湘便会想起这段凄美动人的神话传说。

“潇湘”是潇水与湘水的合称。湘江古称“湘水”，“潇”便是湘江上游最大的支流潇水。宋朝文学家范仲淹在《岳阳楼记》中有“北通巫峡，南极潇湘”之句。因二水地理位置的缘故，“潇湘”逐渐成为湖南之地的代称。但是在古时，湘水流域为荒僻之地，加之舜亡、二女投江的悲惨典故，使得潇湘之地成为历朝诸多官员的流放地。

战国时期的爱国诗人屈原，汉朝著名的政论家贾谊，唐朝宰相褚遂良、边塞诗人王昌龄，以及宋朝时期“唐宋八大家”之一的苏辙、政治家寇准等都曾贬谪潇湘。这些被贬此地之人，皆是有远大抱负但怀才不遇且生性高洁孤傲之人。加上上古时期悲戚的神话传说，“潇湘”二字逐渐超越文字和地域空间，成为官员被贬谪后优雅而含蓄地抒发复杂情绪和政治异议的代名词。文人士大夫在某种意义上将“潇湘”作为政治理想和终极信仰的最终托付。

五代十国时期，社会动荡，战乱纷起，南唐偏安江南一隅，政权颇有风雨飘摇之感。在这一特殊的历史背景下，董源将对南唐美好的理想以绘画的形式寄托于《潇湘图》中。可惜潇湘之梦终究是神话由来，随着赵匡胤在汴梁建立起大宋政权，宋兵攻占金陵，董源渴望看到的理想局面最终梦碎。但是，潇湘文化却被宋朝文人墨客完整地继承下来。不然，北宋画家宋迪怎会绘出飘逸传神的《潇湘八景图》？南宋诗人喻良能怎会写出“更听潇湘夜深雨，孤篷点滴替人愁”的悲凉诗句？

《潇湘图》被董源经五代南唐带入了繁华统一的大宋王朝。它不仅将深层次的文化意念展现给世人，更是被画史视为南派山水画的开山之作，其在中国山水画史上有着举足轻重的地位。这幅纵 50 厘米，横 141.4 厘米的绢本设色画，现收藏于故宫博物院。

全画以江南地区湖水山川为主题，配以沙洲、烟雨、行人、农舍、绿树、渔船，展现出南方山水娴雅平静的一面。画作用大量的“披麻皴”“点子皴”之技法，展现出远山的迷蒙之态。这两种技法皆董源自创之法，从中可窥见“南派山水开山鼻祖”果然名不虚传。画家又以疏密有致、浓淡不一的墨点晕染出草木繁盛之状、山石奇特之姿，在用水墨晕染之时，为了营造烟雾迷蒙之感，在画面中有意留出点点空白，进而又在其间设色点缀出行人、游船，这就赋予寂静幽深的山林以动态的生机与活力。

在五代及北宋时期，我国的山水画已渐趋成熟，并形成南北分野。董源平淡天真的江南画风与以李成为代表的雄强峻厚的北派画风，为后继者提供了不同的笔墨参照。董源很好地把握了点、线的技巧和笔墨变化，根据江南实景创造出了一套颇富表现力的皴、擦、点、染的技法，大大丰富了中国山水画的表现能力。

《夏山图》 宋朝山水画的发展与分类

夏日里，薄雾弥漫，空气中似带着潮热的湿气。一道道沙川和坡丘在水上和岸边延伸推展，岸上树木丛生，百草丰茂。江水不徐不疾地流淌，微波粼粼的江面闪出无数晶莹的光亮。

山树可真是霸气，无论高山低丘都少不了它们的身姿。这一簇簇浓绿正挺着直直的脊梁傲然地晒着“日光浴”。它们的家族实在是庞大，从山顶团团蔓延，一直至河岸沙滩。繁绿的苔草甚是娴静，一丛一丛安然地披在山石身上。许是山石专门添置的新衣，只为抵挡炎日的照射。

烟雾轻柔柔地迎面扑来，隐隐约约中可以看见天际边的山峦，像娇羞的小娘子一般白纱遮面。曲折蜿蜒的岸边，有牛羊闯了进来，它们望着地上浓密的草芽流下了黏稠的口水。还没等身后的主人开口，就已经大口大口地垂头嚼吃起来。牛羊憨憨的神色惹得主人连连大笑，笑声传向江面，消失在蒙蒙的迷雾之中。不远处的山坡上，一些农人正在从容劳作。临江种地，有山有水、有日有林的滋养，瞧那农人脸上洋溢着知足的笑容，想必今年的收成不会很差。

小舟在轻轻荡起的银波中向着坡岸缓缓移去，山峦与碧树在水

镜中欣赏着自己的绰约风姿。云轻轻扬扬地飘了过来，半遮住了耀眼的日光。董源顺着浮云所在的地方遥遥望去。一臂挽着一臂的山峦忽明忽暗，给重峦叠嶂的山色增添了迷人的色彩。“如此优雅的

山姿怕是人间并不多见。”董源清扬的声音传入友人的耳中。友人微笑颔首，接着缓缓开口：“霞洒银河汀，日照峦中树。问君何所想？蓬莱仙境中。”

《夏山图》是著名山水画家董源创作的一幅绢本水墨淡设色画。全画纵 49.4 厘米，横 313.2 厘米，现收藏于上海博物馆。董源的山水画作常常以江南平原水乡中的景色为主题，他因此被尊为“江南画派的鼻祖”。艺术辉煌的宋朝，因地域、文化、风俗习惯的差异，

出现了不同风格的画派。山水画便有了以李成、范宽、许道宁、郭熙、燕文贵、王诜等名家为代表的北派山水和以董源、巨然、米芾等为代表的南派山水。除此以外，还有以郭忠恕为代表的界画山水，及以王希孟为代表的青绿山水。

北宋初期的山水画皆继承了唐末五代荆浩大师的水墨手法，运笔与水墨相结合，更有助于表现大自然变化万千的气象，在绘画审美上是一大拓展。山水画重在自然真实，而画家们被大自然的魅力深深吸引，从而将自然与人文两相结合展现于画作之中。因画家生

活地域的自然环境不同，他们所表现的山水面貌和绘画技法也有所不同。

北派山水画重在描绘枯树老枝、空寂的荒原，营造萧瑟的氛围。

其描绘出的山川壮丽雄奇，气势磅礴，山姿威凛配以飞瀑流水，楼阁巍峨配以寥寥行人，使画面有一种苍凉雄浑的感觉。

南派山水画讲究山石玲珑、绿林野舍，山峦绵延但清秀俊朗。这派画家心思细腻，运笔委婉，他们常常在画作中呈现出山水自然景观的清雅与缥缈，以此表达人与自然祥和舒畅的最佳境界。

而界画山水，其楼台、宫阙才是画作之中的点睛之笔。这类画作要求以界尺画线，用分毫记景观尺寸，因此呈现的皆是一派精准完美、形象逼真之象。

青绿山水画多勾勒，少皴笔，画家往往运笔精细，用传统的石青、石绿作为主色，为山川河流等景物赋彩，最终呈现出来的景物色彩鲜艳、明丽典雅，且富有一种富贵气韵。

中国传统山水画的历史十分悠久，早在魏晋南北朝时期，顾恺之的作品中就已经可以看到峰、石、云、水、树的复杂表现。隋唐时期，山水画逐渐从人物画中分离出来，形成独立的画科。隋朝著名画师展子虔的《游春图》标志着山水画开始进入成熟期。到了繁荣开放的唐朝，杰出的山水画家如群星璀璨，他们逐渐形成两大风格迥异的画派：青绿山水和水墨山水。

水墨山水画虽然在色彩上显得比较平淡，但其写意理念被更多文人墨客所接受。唐朝著名诗人、画家王维开创了山水田园诗，并将诗境融入他的水墨山水画中。苏轼赞美他：“味摩诘之诗，诗中有画；观摩诘之画，画中有诗。”至五代，画家们继承了前辈的优秀传统，开始将中国山水画推向高峰，北派山水与南派山水在此时期走进众人的视野。在经历了五代十国的动荡之后，宋朝的统一以及“重文轻武”的政策像一场及时雨一般，洒向文学艺术领域，宋代的山水画发展到了前所未有的高度，风格日趋多元。

一方面是水墨山水的大发展，出现了中原画派与院体山水画。中原画派以李成、范宽等为代表，院体山水画则以郭熙为代表。至南宋，又出现了以李唐、刘松年、马远、夏圭为代表的南院院体山水画。他们弃置了北宋以来以主峰为中心的高山激流式的构图和细密繁复的笔墨，而创新为简笔化、单纯化的形式，形成了被称为“一角半边”式的艺术样式。另一方面，青绿山水的表现手法更为纯熟丰富，在青绿重彩中融入了笔墨技法，增加了青绿山水的表现力。

无论是璀璨的时期还是战乱的年代，唯有艺术才是永恒的存在，山水画的发展历史便是一幅永无边际的辉煌画卷。

《溪岸图》 乱世中的净土

南唐保大年间（943—957），江宁府（今江苏南京）城郊的山脚旁，董源的私舍依水而建，简洁而又朴素。房舍屋顶并没有耀眼的琉璃瓦片，枯柔的茅草覆盖在屋顶，屋前是一圈青绿色的翠竹篱笆。后院之中，一身粗布衣裳的女仆正在忙前忙后。有青涩的牧笛声飘来，一头水牛驮着牧童穿过竹篱门前。他身后的山道曲曲折折伸向山谷之中。山路上，有头戴笠帽的农夫正急急地赶着回家，也有前往京城购买商品之人，一边走一边心满意足地紧了紧身上的包袱。顺着山路远远望去，尽是云雾迷蒙的山川。

董源站在水榭亭中，遥遥望着粼粼闪闪的江面，似乎心中有万千思绪。温和的日光在水榭中铺开，两位青涩的女仆目光柔柔地盯着一旁妇人怀抱中的乳儿。娇嫩可爱的乳儿

轻轻发出“咿咿呀呀”之声，女仆颔首微笑，并未多言。这位妇人并无半分金贵之态，一身浅色云烟衫配以收腰拖地素襦裙，高挽的发髻以朱红方巾束之。妇人整个装束素雅大方，细细观之，似有一抹淡淡的书香之气萦绕在其身上。

“官人主意已定？”妇人端视董源许久，缓缓开口道。

“其实并无多难，实则是担心你与孩儿。”

“若是如此，官人大可放心。我们虽不是富贵之家，但仆人杂役都有，他们自会帮我打理家中之事。”

董源微微瞥看了一眼淡雅的妇人，又回首看向空中。许久才开口道：“娘子请看这山，离我们近的山石棱角分明、隽秀奇特。飞瀑温婉悠扬，它们从山顶而泻，荡着一层一层的山石汇入这茫茫江中。青槐与苍松倔强正直，根部使劲穿透固石，爬在山峦之上。”

董源沉醉地望着眼前的景色，淡然一笑，继续说道：“日后怕是很难如今日这般心无旁骛地欣赏这幽静清雅的山色了。”

“官人不必忧心，将此景绘入画中，日后便可时时欣赏、回味。”

“有理，还是娘子最懂我心。娘子放心，待我进京安稳妥当，自会接你与孩儿团聚。想那北苑副使也是闲职，涉及朝堂之事甚少，娘子也无须为我担忧。”

“闲职就闲职，无性命之虞。近些年哪里还有太平之地？战乱接连而起，怕是也只有这处溪岸之地才最为清净。”

董源闻后无奈地叹了一口气，目光悠悠地看向这片连绵不绝的山水。

后周显德七年（960）正月，日光甚是温和，可还无法化掉冬日里最后的严寒。两年前，国主李璟已经去了帝号，尽献江北之地，向后周俯首称臣。不承想仅仅过了两年的时间，又生变数。赵匡胤发动陈桥兵变，篡夺后周帝位，建立宋朝。面对强敌的虎视眈眈，南唐灭国怕是早晚的事。董源忧心忡忡地站在书房的窗台边，眼神中透着一丝忧伤。

他忽然忆起多年之前初入宫中任职的情景。国主李璟曾向他真诚感慨：“朕与你喜好一样，对文艺之事尤为心动。奈何如今锁进这身金黄之中，怕是只有羡慕你的分儿了！”

“陛下之言，臣愧不敢当。臣才能有限，也就只能在画中挥洒心中所愿了。”

“你所愿即朕所愿，你所绘即朕所念。祥和盛世谁人不想？可朝局动荡万千，有时不是朕可控的。叔达（董源），你有绘画之才，也有向善之性，好好在你的北苑绘画吧！”

乌色的桌案上铺着一幅纵 220.3 厘米，横 109.2 厘米的《溪岸图》。董源收回思绪趋至画前，缓缓地看着这幅淡淡着色的山水画作。双手抚摸之处，是用墨线勾勒出的圆润山体、粼粼江波、郁郁苍木。而目光所及之处正是多年之前为他遮风避雨，躲挡一切乱事的茅舍。董源的思绪似乎一下子被拉回到多年之前。

“别再看了，该吃饭了。乱世之中，家人平安就是大幸，国事岂是你能左右的？”门口传来了熟悉的妇人之声。

“娘子不懂，我虽是一介画师，可文者之心最为赤诚。如今城内看似灯火依旧，殊不知何时我们就会改换国姓。脚下净土已无，唯有在我擅长的画作之中方能寻见这平和之境。”

宋开宝八年（975），宋军势如破竹攻下南唐，此时，董源已于数年前离世，南唐真的亡了。是日，太阳从天空的东侧悠悠升至微微西侧，光芒也较晌午时分显得柔和起来。《溪岸图》自李唐国主李璟逝世之后便不曾被人打开过，如今却被宋太祖赵匡胤再次缓缓展开。

董源的这幅画作多年以前被南唐后主李煜进献于朝廷，一直被赵匡胤藏于殿中，无事之时必会打开观之。

“官家，曹彬将军传来捷报。”赵匡胤端坐在桌案旁出神地观赏画作，门外骤然响起内侍官的声音。

“进来吧！”话音刚落，只见内侍官一脸肃穆走了进来。

“恭喜官家，大军顺利攻下江宁城，大宋一统天下的愿望已然实现。”内侍官微微下跪禀报。

赵匡胤的眼睛一刻也未曾离开过画作，淡淡说道：“这李煜本就无力挣扎……怕是他心中之愿今后只能由朕来实现了。董源画作不愧为大师手笔！无论是谁之心愿，所求不过是脱离战火的苦海，求得一方净土罢了。将《溪岸图》收好，待他日朕再慢慢观赏。”话音刚落，赵匡胤便起身朝殿外走去……

注：《溪岸图》是五代末期、北宋初期画家董源所绘的一幅绢本设色画，现藏于美国纽约大都会艺术博物馆。

《龙宿郊民图》 秋社

今日是立秋后的第五个戊日，朴实的山民都已经早早起床，开始准备祭祀土地神的祭品。想必今日必是忙碌热闹的一天。

入秋后的天气没有了夏季的燥热，凉凉的秋风已经开始断断续续地将山中枫叶吹红。云雾轻轻扫过山顶树木的枝叶，缓缓向着山腰处飘荡。偶有大片大片的绿坪蔓延在山峦各处，晶莹透亮的露珠轻轻清洗着绿坪娇嫩的容颜。今日乃一年一次的“秋社”之日，万物皆有灵性，是该好好地装扮装扮。

红日渐渐升起，在遥远的江边露出了娇艳的脸庞。万物似乎都想借日光为自己添上别致的妆容，纷纷将柔纱般的云雾轻轻掀了过去。日光是博爱的，它将霞红色给了粼粼的江面，江面立即像待嫁的娇羞新娘。它将明金色给了巍山，山峦披着金黄的轻纱神奇极了！它将乳黄色给了木和草，这一丛丛浓绿立刻温柔地在风中摇曳。

红日越升越高，许是将色彩分出去了太多，这会儿只能射出单调耀眼的金色光芒。云雾已然散去，山、水清晰入目。江水甚是宽博，从天际处的山脚出发，不徐不疾向着东方流去。途经之地并不是平坦无阻，远山断断续续阻挡着它的步伐，想要将它留在自己的怀中。

可江水轻巧柔软地绕过远山，极力奋勇地冲过礁石，平静优雅地划过沙洲，继续流向太阳升起的地方。

山峦看着缓缓离去的江水并没有恼怒，许是知道“强扭的瓜不甜”的道理，它静静地注视着江水的离开。此时万物皆是快乐的，山、水给予了山民们取之不尽、用之不竭的生活之源。风调雨顺的天气，使今年的收成甚是不错，是该好好感谢一下“土地神”了。

已近傍晚，江边山麓的村庄里分外热闹，家家户户都挂着明亮的灯笼。茅舍中，村民正在做着美味佳肴，浓浓的香味萦绕在村子的上空。山脚下忙碌农活的人们似是被村中的热闹吸引住了，开始陆陆续续扛起锄头，沿着木桥有说有笑地向村中走去。顽皮的幼儿早已在村口一边嬉戏一边等待着家人的归来。

傍晚的凉风缓缓吹来，少男少女丝毫没有感觉到丝丝凉意。他们踏至岸边谈天说地、嬉笑玩闹。许是累极了，有三三两两的年轻妇人在江边席地而坐，继而逗耍着不远处的稚童。天空中不停传来水鸟的鸣叫，似是闻着美酒美食的香味而来，不然为何偷偷地躲藏在了茅舍的屋檐之下？

隆隆的鼓声响彻在整个山谷之中，茅舍中的村民更加忙碌了。约过了一盏茶的时间，大家纷纷从家中聚向江边龙舟的前方。巨大平坦的石面上，摆放着村民诚心准备的祭祀物品，有人捧上牛头、羊头，有人端上新鲜果子，有人呈上美酒佳酿，还有人奉上五谷杂粮……之后，众人便纷纷围着巨石而立。人群中缓缓走出一位拄着拐杖的老者，他的鬓发、胡须已然花白，但精神矍铄。老者捋了一下胡须，开口说道："本村自开山垦荒以来，日子还算风调雨顺，如今民安粮足，这全仗土地爷爷精心护佑。今年又是丰收之年，实在感谢山神悲悯。今日乃是先祖定下的秋社之日，为感念诸神护佑，我们按惯例进行祭祀。开始吧！"

老者话音刚落，只见巨石旁站立的一位儒生开口高喊："点香，请土地公公。"老者闻后便转过身去，将三炷细香点燃并插入香炉之内，随即带领众村民行叩拜礼。

儒生再次开口高喊："佳酿入杯，祈祝来年风调雨顺。"老者继而将巨石之上的醇香美酒倒入早已备好的两个瓷碗之内。

酒倒完后，儒生缓缓转身面向众村民，他们朴素的脸上充满了虔诚的神色。“跪，三拜土地公，家家户户皆安宁。”儒生刚刚言罢，男女老少纷纷下跪，一叩头、二叩头、再叩头。

儒生最先起身，向众人高声说道：“起，美味佳肴已奉上，来年必有好收成。”

良久之后，有风阵阵吹来，焚香已经燃烧殆尽。老者再次趋至巨石之前，开口说道：“祭祀完毕，大家可前去岸边踏歌了。”

一阵欢呼之声回荡在山谷之中，山峦在落日的映照下更加多姿。村民纷纷来到宽敞的水岸边，有人踏上龙舟，大家排起队伍从龙舟延至岸上。长长的队伍，怕是有百余人之多了。嬉笑声渐渐平息，悠扬婉转的山歌在山谷中飘荡，继而飘向空中云端。众人自岸及舟联臂舞跃，仿佛古者拔河之戏。

随着一声“开宴席喽”的呐喊，踏歌中的村民便急不可耐地纷纷向着村中走去，想必今晚大家必是不醉不归，村中必是灯火通明……

远山半山腰的地方，特意赶来观赏乡村盛会的董源正倚着大树，饶有兴致地看着欢快的人群。

“老爷，您已经来此观赏一天了。风景虽好，民众虽乐，可今日京城已经变天了。我们还是早些回去吧。”身旁响起中年男子低沉的声音。

“怎么了？”沉醉在郊民之乐中的董源迅速拉回思绪，拍了拍身上的尘土。

“今日国主奏请去除帝号，愿向后周称臣。”中年男子再次压低了声音。

“天怕是要大变了，从此江南难安。今日之乐今后怕是难见了。”董源昂首暗暗感叹。

……

南唐中兴元年（958），南唐皇帝李璟去帝号改称国主，向后周俯首称臣。

宋建隆二年（961）六月，南唐国主李璟去世，终年四十六岁。

宋开宝四年（971），南唐国主李煜上表去除国号，改称“江南国主”。

宋开宝八年（975），宋太祖赵匡胤派军攻占金陵，国主李煜上表投降。

南唐一梦，自此化为泡影，昔日的繁华平和也只能在董源的《龙宿郊民图》中窥探一二。

注：绢本设色画《龙宿郊民图》传为南派山水画开山鼻祖董源绘作。全画纵156厘米，横160厘米，现藏于台北故宫博物院。有专家考据后认为，《龙宿郊民图》应为《龙袖骄民图》。所谓“龙袖”者，犹“天子脚下”之义；所谓“骄民”，犹“幸福之民”之义。该图反映的是南唐时期天子所居之地江宁郊野的旖旎风光和“节日嬉娱之景”。

《江堤晚景图》 画中游山水 画外探巨著

淡淡薄云轻轻悠悠在山涧中涌动，暖暖的春风刚刚吹绿了千山万水，人们便已按捺不住内心的涟漪，纷纷身着轻装踏进这春日之中。巍峨的山峦一层一层高低起伏。远山似是顶起了遥遥天际，层层云雾遮住了它雄壮的身姿，云雾缭绕，显得分外壮丽。

山与山之间被江水隔开，两山只能遥遥相望。江中有些许小舟漂漂荡荡，农舍散落在山麓间，不时传来鸡鸣狗叫之声。

溪流的叮咚悠扬清脆，它冲过一层一层的坡石，向着游者流淌而来。山涧中的飞鸟被惊得不住鸣叫，似是也想和上这曲婉转之乐。山峦中草木茂盛，它们经过整整一个冬日的熟睡，此刻显得格外精神。

山中飞瀑似一条白色的绸缎，从山坡上飞泻而下，撞在岩石上，发出“哔哔哔”的巨响，而后汇入溪流，奔向远方。

游者身穿华贵的便服骑在骏马的背上，头上的竹笠让他们看起来有了一种侠者气韵。奴仆或挑重担，或扛木杖，不慌不忙地跟在游者的身侧。有醇醇酒香不时飘来，原来不远处有一简朴酒家，门口高高竖起的酒旗随风摆动。云雾飘散了许多，红日早已西斜，江面上波光粼粼，渔民们渐渐开始返航，纷纷撑起小舟驶离江水中央。游者望了望四周，山坡上的观景亭吸引了他们的目光，想必是想在亭中休整一番，好好欣赏这片山水美景，然后再踏上前行的小径……

《江堤晚景图》传为董源绘作的一幅绢本设色画。全画纵 179 厘米，横 116.5 厘米，现藏于台北故宫博物院。这幅青绿山水画作，是否为董源真迹，画界有过不少的争议。董源虽是历史上赫赫有名的画家，但对于他的生平，史料中记载不多。

董源，字叔达，洪州钟陵（今江西省进贤县钟陵乡）人。其生卒年不详，活跃于五代末期至宋朝初年。他善用水墨绘烟云湿润的江南山水，着色清淡，不为奇峭之笔。《宣

和画谱》称其画作："至其出自胸臆，写山水江湖、风雨溪谷，峰峦晦明、林霏烟云，与夫千岩万壑，重汀绝岸，使览者得之，真若寓目于其处也。而足以助骚客词人之吟思，则有不可形容者。"

《宣和画谱》是北宋宣和年间（1119—1125）由官方主持编撰的宫廷所藏绘画作品的著录性著作。其著录完备，保存了大量史料，在中国绘画史上占有重要地位。宋朝时期，朝廷对文化的推崇致使众多文人名家编撰出了不少巨著。除了与绘画有关的《宣和画谱》外，还有北宋太平兴国八年（983）由李昉、李穆、徐铉等人编纂的《太平御览》。书中以天、地、人、事、物为序，分五十五部，可谓包罗万象。宋太宗对此书甚是喜爱，传说他每日看三卷，一年之内，这部千卷巨著便被他读完了。

此外，宋神宗元丰七年（1084），北宋著名政治家司马光献上了他花费十九年之久编撰的编年体史书《资治通鉴》。此书既是对历朝历代帝王朝廷政治措施的总结，也是对当朝帝王从政大有裨益的治世灯塔。

往事悠悠，山水依旧，却早已物是人非。展开《江堤晚景图》，观画之人又被带入了昔日那片繁华如梦、岁月静好的画境之中……

郭熙
北宋后期山水巨匠

《早春图》 对“王安石变法”的期望之作

北宋熙宁二年 (1069)，王安石在宋神宗的支持下，发起了一场欲改变北宋长久以来积贫积弱现状的社会性改革运动。此运动以发展生产、富国强兵、挽救宋朝政治危机为目的，分别从“富国之法”“强兵之法”“取士之法”等方面入手进行大力度的整顿。

富国之法包含了青苗法、募役法、方田均税法、农田水利法、市易法、均输法。这六项律法皆是为了增加朝廷的财政收入。目的虽好，但是这也间接增加了普通百姓的生活压力，彼时民间皆是哀怨之声。

强兵之法包含了保甲法、裁兵法、将兵法、保马法、军器监法。此五项律法本是为了使北宋时期的养兵政策焕然一新，留用精兵强将，提高军队素质，从而使军权更加集中。但其客观上影响到了众多权贵地主的利益。

取士之法从改革科举制度、整顿太学、唯才用人等方面入手，注重朝廷对人才的选拔任用。其中整顿太学时颁发的三舍法理念格外新颖，其主张以学堂中的日常考核来代替科举考试。这就使一些因科举考试埋没掉的人才有了全新的机会。

变法虽是本着为国为民的目的进行的，但是因为各方利益的损伤，随之而引起的则是长期的新旧党争。北宋元丰八年（1085），宋神宗去世，搅动朝堂争斗长达十六年的变法也随之失败。

郭熙，字淳夫，河阳府温县（今河南省焦作市温县）人。他出身平民，信奉道教，擅长绘画，继承“山水画之父”李成的手法。是北宋时期的著名画家及绘画理论家，曾任职翰林待诏直长一职。

《早春图》绘于宋神宗熙宁五年（1072），此时的郭熙已经迈进晚年时期。他本是宫廷之中一名无权无势的御画师，奈何炽热的心一直被北宋当时弊端连连的朝局所压抑。随着宋神宗与王安石轰轰烈烈的变法开始，郭熙这颗苍老的心也充盈着对变法的期望以及对强国理想的追求。

《早春图》全画以早春山景为主题，将雄伟壮观的高山与宽广奔腾的江流相结合，呈现出了一幅春回大地、万物复苏之象。画作中的巨山形态构思十分别致，由高至低的盘旋山势，似蛇形一般奇峻曲折。巨山两侧是高低起伏的峰峦，由此可以想象出山川连绵不绝之态。疏密得当、层次分明的林木在山峦之中展现出迥异的姿态。树枝的枝干大多是以李成“蟹爪法”的绘画手法进行描绘的。顽石以“卷云皴”层层铺就，使人一眼便能辨出，此乃北方山川之特征。

《早春图》所表达的是郭熙对春季大自然的无限热爱，以及对国家复兴富强的无限期盼。那么就让我们一同进入画作的情境之中，去感受自然山水的魅力，体会春天带来的希冀……

春日似乎比往年来得早了一些，白雪才褪去不过几日，北风竟变得有些暖暖柔柔的。云雾似乎少了冬日里的沉重之感，轻轻悠悠荡漾在山峦周遭。雄山从云端伸了下来，像是一座通往天宫的桥梁，甚是陡峭。

这样的山势对山间的溪泉来说真似一场冒险之旅，泉水淙淙而下，汇入波光粼粼的江潭之中，将巍峨的山峦团团包围。

山间浮动着淡淡的雾气，传来春的信息。薄雾遮住了红日的光华，但迷蒙之间依然可以瞥见灿烂的光泽。冰雪消融，云烟变幻，大地复苏，草木发枝，一片欣欣向荣的早春景象。

庄严的宫殿隐藏在山涧之中，云雾为它镀了一层缥缈之感。琉璃瓦的色泽可一点也不比日光弱，想必此处定是帝王的行宫。朱红色的宫墙鲜艳无比，团团云雾飘来，似是着红纱裙的女仙在对着江水静静梳妆。有细细的溪流从宫殿的方向打了下来，在这高山流水之中建楼台宫阙，此人眼光心境极佳。乳儿的哭声刹那间响彻四方，惊动了林木上的鸟雀。它们叽叽喳喳扑腾着双翅向空中飞去，最后消失于茫茫云雾之中。顺着哭声缓缓望去，原来是一妇人正在耐心哄着怀中乳儿。妇人身侧的小童调皮活泼，正追逗着前方可爱的黑色小狗。这本就是孩子们的天性，他们的到来使山涧显得更有生机。妇人的身后紧紧跟着身担重物的壮汉，虽略显疲倦，但脸上满是幸福的神色。

巨大的山石将妇人等挡在了左侧。山石的右侧则有一艘船停于岸边。船中一人手持长长的竹篙，眼光却望向高山之景，另一人则垂头无声，一直摆动着破旧的渔网。鱼篓在船上摇摆不定，他们许是准备入江捕鱼。春江水暖之景必是少不了游者的，远处高高的山石上一条窄窄的栈道，却挡住了游者的去路。正在迷茫之际，有樵夫从山林之间行出。游者急急地上前好生询问，片刻间便恍然大悟，轻松地望向这方春意萌发的山水之间……

《关山春雪图》 一场雪引出的过冬方式

春雪打着严冬的名号坦坦荡荡下了整整一夜，北风还在呼啸着，像极了万千骏马在嘶鸣。雪停日升，寒气满满的空中，红日早已高高挂起。有威仪高耸的山峰似是觉得太过严寒，朝着红日直直地伸长了身躯，它也想借温和的日光暖一暖被雪覆盖住的严寒。山峰险峻极了，细细长长，如葱管一般。也有的山峰干脆放弃了暖日，弯曲了身躯紧紧地抱着自己。还有些山峦是智慧的，将密密麻麻的植被铺满峰顶，如此便也能挡去丝丝寒意。

北风阵阵吹来，掀起了漫天的雪沙。一粒一粒的雪沙在空中荡了一圈，便又沉沉落下。而寒雾似乎有所依恋，悄悄间便已蔓延在崇山峻岭之中。山看起来更加缥缈了，暖日将莹莹金光洒了下来。霎时，险峻的山川竟如夜星般熠熠夺目，宛如九天神女身着一袭银色流光罗袖裙，在天地之中香甜入睡。树本是生出了厚重的白发，看起来格外精神。奈何北风十分顽皮，一声一声剪下了树木的雪白。经过白雪的洗礼，树木反而更加清新，它们挨挨挤挤间伸出了倔强

的枝干，将山河美景尽收眼底。云雾似是担心树木受凉，扯着轻薄的云纱缓缓飘来。它将云纱绕过枝干，盖过枝顶，穿过林间，这份轻薄能否为苍树带来些许暖意呢？

山中甚是空旷，连一只飞鸟都不曾遇到。“千山鸟飞绝，万径人踪灭”莫不是正应此情此景？流水很是懒惰，它悄无声息地凝成了冰川，静静地享受着日光的照耀。山涧中原本活泼的飞瀑此刻也变成了清脆晶莹的冰柱，直直地挂在山崖之间。有偌大的阁楼在云雾之中淡淡隐现，琉璃瓦变成了耀眼的雪白，融在了雄伟的山川之中。阁楼之中是谁在居住？朱窗房门紧紧闭着，主人怕是担心寒气流了进去。想必不会是天宫仙人之所，不然绝对不会害怕这“高处不胜寒”。

红日越来越暖，苍茫的银色里传来了行人“吱呀吱呀”踩踏积雪的声音。想必是山下的樵夫前来捡拾被积雪压断的枯柴了。“咚”的一声，厚重的屋门声响彻在空寂的山川之间，原是楼阁打开了紧闭的大门。雪在暖日的照耀下变得有些稀薄，迷迷蒙蒙中，已然可以瞥见嫩嫩的绿草。冰川也已慢慢融化，流水欢腾的声音再次响了起来。高处的飞瀑在经过冰凝之后也格外活跃，大声地宣泄着禁锢已久的春心。它激动地冲荡而下，迈过一重又一重的崖坡，愉悦地朝山脚奔腾而去。山林仿佛又回到了春日的热闹景象，寒雪过后，想必真正的春天已经不远了。

《关山春雪图》是北宋著名画家郭熙绘作的一幅绢本淡设色画，全画纵 197.1 厘米，横 51.2 厘米，现收藏于台北故宫博物院。宋朝冬日的山水画作一般都与皑皑白雪脱不了干系，在巍峨险峻的山川中，雪的衬托似乎能格外彰显出奇山峻峰之美。全画虽以山中春雪为主题，但真正的春景并不存在，反而借雪之姿突出了冬日里惯有的寒意。画中山石相比画家其他画作中惯用的皴法显得格外简练，许是为了渲染浓雪的缘故。或高或低、或直或屈、或瘦削或丰盈的山峦结合在一起，使峻山之姿更加生动形象。这是画家构思的巧妙之处，山形的强烈对比形成了鲜明的反差，冲荡着观画之人的眼球。

寒树在雪景中格外显眼，参差不齐的形态使画面变得十分灵动。“蟹爪枝”加以黑墨的晕染，使树木成林的状态展示得一清二楚。墨点寥寥点缀，使被雪覆盖的山体看起来更加真实自然。亭台楼阁的出现是严冬中的一抹亮点，其配以清脆流水之声，这淡淡的生机更使画中寒意与春离得更加近了。因此《关山春雪图》虽绘的是冬日寒雪之景，实则已经将春意悄然展现。

冬是一年之中最难挨的季节，在科技发达的今天，人们可以过冬的方式五花八门。然而对于古人来说，冬季的严寒可能影响着他们脆弱的生命。若想顺利地度过冬季，那么保暖设施一定是不能缺少的。那么，在经济相对繁荣，技术相对完善的宋朝，人们过冬会选择怎样的方式呢？

一年之寒在于冬，一日之寒在于夜。对于宋人来说必不可少的就是温暖的棉被。早在汉唐时期，朝廷就已经逐渐引进棉花的种植技术，并且开始逐渐向中原地域推广。然而一直到元朝初年，棉花才有了全国性的普及，因此棉花对于宋人来说可是稀罕物。宋人将这种稀罕物称为“吉贝”或“木绵”，文学家苏辙曾言：“永漏侵春已数筹，地炉犹拥木绵裘。”看来像苏辙这样的文豪官员已然体会到棉花的好处了。但是对于普通百姓来说，想要拥有一床棉花被子可不是那么容易的事情。宋朝，造纸术进入飞速发展的辉煌时期，而价位低廉的纸便成了普通百姓过冬棉被内的填充物。更有贫苦之人，竟将干燥的沙土缝制进布块之中，或以干草铺床用来保暖，艰苦条件可谓令人震撼！

“汤婆子”在宋朝的冬季一度非常流行。北宋文学家黄庭坚还为此物赋诗一首：“千金买脚婆，夜夜睡天明。”诗句中的“脚婆”指的便是“汤婆子”。它实则是一种扁圆的水壶，用时将热水从壶上方的圆孔注入，放入寒凉的被窝之中，起到保暖的作用。简言之，就是现今人们冬季常用的热水袋。

除了棉被、“汤婆子”，宋代的富贵人家还会沿用前朝人于墙壁涂抹花椒泥的方式过冬。待到严寒一至，花椒泥的保暖作用即刻显了出来。流行于宋朝的保暖方式还有孔明碗、炭炉等。无论是哪一种，其中都蕴含着古人们的创新与智慧，这也是华夏儿女身上代代流传的传统美德。

这样看来，《关山春雪图》中虽然目光所及之处皆是严寒白雪，但一想及正在家中想方设法进行保暖的宋人们，可不是离春天越来越近了嘛！

《窠石平远图》 大西北秋游记

北宋元祐五年（1090），北宋画界中的最后一位山水画宗师郭熙去世。一时间，画界文人纷纷哀悼不已。御画院受宋哲宗赵煦之命，将郭熙生前画作一一整理，送至殿前供其回念。随之送来的还有一本破旧不堪的日记，宋哲宗缓缓打开，一行行苍劲笔健的文字映入眼帘……

元丰戊午年（1078）深秋之季，我已近杖朝之年，想来不知何时就要面见鬼门阎老。心中似乎并无可挂念之事，除了还想深入西北之地，再见一眼那肥沃广袤的山川洪流。好在本人身体尚佳，心态乐观，便孤注一掷收拾好行囊带书童踏上了西北之路。

绕过繁华的汴梁城，路上之景渐渐有所不同。较之南国之地的山清水秀，所见皆是枯藤老树萧瑟之景。所饮之酒也更加浓烈，食物味道也越发浑厚，北国之人极是豪爽热情。问及出行之因，我便宛然告之。不承想仅一面之缘的陌生人竟对我赞赏不已，还欲赠物留念于我。老朽一把年纪，竟能有这般体验，心中甚是感动。

北行之路崎岖坎坷，我等一行也算吃尽苦头。最难忍受的便是漫天黄土随风掀起，眼眸瞬间便浑浊不堪，鼻中、嘴中更是满满沙土。书童对我有过不解，觉有安稳之日不度，偏偏自寻苦吃。每及此时，我心中也是摇摆不定，已至此处，如若返之，岂不可惜？念及书童皆是年少之子，本该热血沸腾之季，却随我这老朽共探荒蛮之境，我心生怜悯，便不怪罪他的口无遮拦。他也极为聪颖，会察言观色，且已跟我多年，主仆之情甚是深厚，于是便不再抱怨。

经历半月之久，终于到达心中所向之地。此处天高云淡，萧瑟之感甚是浓烈。我缓缓行至一平坦之处慢慢坐下，细细观赏这片雄浑之色。山川如回忆般闪闪远去，一脉连着一脉隐入远处的烟雾之中。比起中原及南国烟雾，此处烟雾更显稀薄，以至于隐隐可见山峰之中的寥寥绿植。植被在此地极是珍稀，沙土之地并不适合万物生长，故所见皆是成片金黄。

滚滚汹涛之声似从天际传来，浩瀚无比，听之甚是气派。许是心疼老朽来此一趟十分不易，洪涛便发了慈悲之心，送一股涓涓细流奔我而来。溪流极为悠长婉转，像极了西子水中浣纱之样。它穿破黄土、冲过顽石、绕过斜坡，一路飘飘荡荡歌声四起。比起洪流之浑然，溪流之声清脆婉转，甚是悦耳。不觉间似回到了汴梁之地，望见了万岁山中之景。

秋日盈盈，少了夏日的炙热，但是却多了冬日的明艳。黄土在日光的照射下泛起了金黄，我捧起一把黄土细细嗅之，竟嗅出了家乡的浓郁。溪流似流光般闪烁出星星之态，只是接近正午之时，会感觉到一丝丝燥热。包袱中携带的饼馕硬得硌牙，书童从远处捡来了干柴，继而升起了烟火。溪流之中有寥寥数鱼欢喜游荡，说时迟那时快，书童即刻便用木棍刺向肥硕的溪鱼。他炫耀地朝我看了一眼，举起手中之鱼迅速上岸，接着便径直走向那堆烧得正旺的柴火旁。

许久之后，空中萦出阵阵喷香的烤鱼之味。有苍鹰被吸引了过来，绕着我们的头顶盘旋不去。书童机敏地拿起腰中刺刀，将一半烤鱼递于我的面前嘱我速速吃下。饿了许久的胃被鱼肉再次充盈起来，这种感觉大概就是文忠公（欧阳修）提及的“莼菜鲈鱼方有味，远来犹喜及秋风”。

不远处是几株杂乱横生的枯树，苍劲的枝条在茫茫的黄土之中，生出了些许苍凉。它们有的像是步入了垂暮之年，弯着身躯斜斜而生；有的似广袖起舞，枝干向着空中直直甩去；有的则在溪流边对镜梳妆，看着自己垂暮的枝干。一阵狂风呼过，地上散落下几根细细的枯枝。一切显得毫无生机，但是溪流的一侧，竟有一丝绿意还在悄然屹立。必是被溪流滋养得极好，枝干上满是浓浓密密的枝叶，偶见几处枯黄，倒也别有一番情趣。

几块顽石有些丰满莹润，挨挨挤挤堆在枯树的根部，似怕枯树经风摇摇欲坠。几处碎小石块稀稀落落地散落在溪流之中，它们想要挡住溪流的去路。可溪流是多么柔软啊！轻描淡写间便已安然穿过。我缓缓起身趋至溪流旁边，用枯手捧起一抹凉意，溪水顺着干燥的嘴角，流过燥热的喉咙，进入胃中，一股甘甜在唇齿之间荡漾。我再次远望着雄山、广原、甘溪、枯树，心中不免生出了别样的情愫，我知这就是不舍，可是到了该回家的时候了！

西北的驿馆甚是简陋，但是依然令我如痴如醉。店小二热情地呈上香气四溢的炖羊肉，书童看了我一眼便急不可耐地大口吃了起来。只有我的心还留在那处广沃之地，美食对于此刻的我来说索然无味。提起一壶佳酿缓缓向楼上驿舍走去，书童急急起身想要跟来，我嘱他安心吃喝，一会儿将食物送至房中即可。我年岁已近八十，虽然身体康健，然记性已经越来越差。我要赶紧将脑中山水绘下，只怕晚一刻就已描绘不出它的豪迈清爽。

驿舍中的灯光极暗，我久坐案前却无从下手。思及一生经历，宛如一场大梦。李成大师乃是心中榜样，今生怕是难与其相较了。一壶浊酒已饮大半，如痴如醉之间，我仿佛回到了家乡，看见官家在金黄的宫殿之中慷慨激昂地与我谈论山水画作。心中似是有灵光闪过，我用自己常用的“三远”取景法，将山川之高远、河水之深远、广原之平远一同绘入画中。此三法乃我自创，如此也不枉半生绘画。继而又用李成大师的“卷云皴”刻画山川窠石，此法极其契

合西北山水的磅礴气势。枯树依然是李成大师流传下来的“蟹爪法”，这种技法是我最为喜爱的……待这幅《窠石平远图》绘作完毕，我已将剩下的浊酒尽饮腹中。细细观赏画作，这不就是我心中的那片山河明净、岁月静好的净土吗？思至此处，老泪已然纵横，纵有万千不好，家国依然是最好的。

驿舍的敲门声打断了我的思绪，必是书童对我担忧不已，已将饭菜端了上来。今夜我必要吃它个酣畅淋漓。

……

宋哲宗端坐在宫殿的桌案旁，手中日记已被翻至最后。夕阳透过殿门射了进来，不偏不倚射在了宋哲宗的身上。金黄的光芒中，似是有滴滴晶莹在眸中闪烁。良久，宋哲宗开口道：“将先皇在世时，郭公绘制的那道山河屏障置于朕的床前，朕要日日见到……出去之时记得把门带上，没朕允许不得打扰。朕要好好欣赏郭公画作。”随着内侍官轻轻颔首速速离去的背影，夕阳的光芒被朱红色的偌大殿门挡在了宫殿之外……

注：《窠石平远图》是北宋画家郭熙绘作的一幅绢本设色画。全画纵 120.8 厘米，横 167.7 厘米，现藏于故宫博物院。

《幽谷图》 冬日之乐

大雪纷纷扬扬下了整整一夜，翌日的天色阴沉得厉害。积雪覆盖住的险峻山峦温柔极了！纯白色的珠光裙下是一座座高耸伟立的峰峦。北风不停呼啸，用嘹亮粗重的声音唱着关于冬日严寒的歌。雪沙偶尔荡起轻扫着山体的高贵裙摆，片刻后便又恢复了安静。山像是被神仙之斧劈中，轰然之间四分五裂。其中的一峦朝着遥远的天际曲曲折折伸了过去，峰壁两侧的下方是一片缥缈。轻柔的云雾在此处停歇，每每被狂啸的北风吹散，云雾便再次团团而来，经久不变。想必躲在峰峦宽厚的臂弯之中是一件非常温暖的事。崎岖的山路并不好走，一会儿弯弯绕绕，一会儿高低不平，且有的地方断了联系，想要从此处过去除非幻化成飞鸟。可你我皆是凡人，哪里能有这般通天的本领？

巨大的崖壁刚刚被雪清洗了巍峻的脸庞，上面爬满了一道道深深的沟壑，它们经过岁月的雕刻显得格外苍劲久远。这里的积雪比起峰顶之处稍薄，但崖壁上断断续续挂着一根根晶莹透亮的细长冰柱，倒显得此处比峰顶还要冷峻。昔日坚硬的顽石被雪环环包住，像极了软绵绵的面团，只是这种面团绝对不能食用，不然牙齿会被硌掉。

山中传出了哗哗的流水声，顺着水声望去，竟瞥见一股清流从半高的崖间泻下。许是积雪厚重的原因，流水并不是十分宽宏，但依然激荡不已。它从崖间喷涌而出，即刻坠入谷底，冲开了本要结冰的江面，蜿蜒地汇入大江大河之中。江河继而卷起一波一波浪潮，撞击着陡峭的石岸。这该需要多大的执着与勇气啊！

寒气从谷底的江面上一跃而起，空气似乎变得更冷了。但雪貌似很喜欢这样的温度，坦然地在天地之间熠熠夺目。过度的寒凉使树木渐渐枯槁，枝干上没有一片叶子。它们环环绕绕地在崖顶蔓延，有三三两两的枯树竟然屹立在崖间峭壁上。这样没有朝气的模样充斥于天地间。北风一来，雪便纷纷扬扬从树间飘落，宛如仙子般汇入了茫茫的山峦之中。

《幽谷图》是北宋时期郭熙绘作的一幅绢本墨笔画。全画纵 167.7 厘米，横 53.6 厘米，现藏于上海博物馆。全画虽是以冬日雪后山水为主题，但是并没有完全将浩浩荡荡的整片山水之景绘入其中，而是以近观的镜头将山水的部分景色拉了出来，使观画之人有了无限的想象空间。画家对峰峦崖石的刻画十分真实，淡淡的墨笔将悬崖的危险奇峻与峰顶错落有致的姿态展现得淋漓尽致，且对峰顶之间、崖石之间的层次渲染也异常分明。淡墨的勾画也最大程度地将积雪之态进行还原，而浓墨勾勒的枯树则是对雪山最好的衬托。一浓一淡间，雪山之景便有了幽凉的境界。画作的点睛之处在于崖间细瀑，它既是高山峭崖的最好衬托，又赋予了全画活动的生命力，画家用心可谓精妙，用意可谓深远。

冬季是诸多文人雅客较为喜欢的一个季节，从白居易的“晚来天欲雪，能饮一杯无”到范成大的“坐听一篙珠玉碎，不知湖面已成冰”，冬季为文艺大师们带来了无限的创作灵感。不仅如此，在冬季的日常消遣中，宋人们的心思还真是别有情趣。《宋史·礼志》中曾记载了一项帝王最喜欢的冬日娱乐——冰嬉。

何谓冰嬉？冰嬉是冬季我国古代北方常见的一种冰上活动。它要求参与活动之人穿上一种特制的滑冰鞋，再将自己装扮一番，于冰面上滑行嬉戏。冰嬉并不适合个人娱乐，参与之人往往越多越好。它所涉及的活动项目也各有特色：如“抢等”，这相当于如今的速度滑冰；“抢球”，这与现今的冰球比赛十分类似；“射球”指的是冰面上比赛箭术。此外，冰上蹴鞠、冰上歌舞也是冬季冰嬉中常见的活动项目。

天寒地冻都挡不住宋人娱乐的兴趣。遇到下雪天，尽管寒气逼人，但是对于宋人来说是一定要择一方良境，赏一番雪景的。宋朝孟元老在《东京梦华录》中记载：“豪贵之家，遇雪开筵。”邀一众好友于漫漫白雪之中品美酒佳肴，这样的风情的确与众不同。除此以外，“踏雪寻梅”想必是那些文人儒士最爱做的事了。待白雪纷飞之时，于一处景致别样的山林之中，弹琴赏梅、煮雪饮茶，好不快活。南宋时期的临安人还专门为冬季研发了一项新的娱乐活动——玩雪船。冬雪之时，临安的百姓便会陆陆续续前往西湖，然后翩翩驾舟于雪中游湖。冬季也因此被宋人们玩得热乎起来了。

《幽谷图》虽然展现了冬季里山水的肃清萧寒，但是宋人们的冬日之乐却为这种肃清萧寒增添了无穷的趣味。只是郭熙是否也曾于冰上抢球，于林中煮雪赏梅？

责任编辑：张　磊
装帧设计：李腾月
责任校对：高余朵
责任印制：汪立峰

图书在版编目（CIP）数据

藏在宋画里的两宋史 . 3 / 南宋书房著 . -- 杭州 : 浙江摄影出版社 , 2022.11
ISBN 978-7-5514-4011-0

Ⅰ . ①藏… Ⅱ . ①南… Ⅲ . ①中国历史 – 宋代 – 通俗读物 Ⅳ . ① K244.09

中国版本图书馆 CIP 数据核字 (2022) 第 113981 号

藏在宋画里的两宋史 . 3
CANG ZAI SONGHUA LI DE LIANG SONGSHI . 3

南宋书房　著

全国百佳图书出版单位
浙江摄影出版社出版发行
地址：杭州市体育场路 347 号
邮编：310006
网址：www.photo.zjcb.com
制版：壹品设计工作室
印刷：杭州捷派印务有限公司
开本：889mm × 1194mm　1/32
印张：8.5
2022 年 11 月第 1 版　　2022 年 11 月第 1 次印刷
ISBN 978-7-5514-4011-0
定价：58.00 元